Alwin Oppel

Kanada und die Deutschen

Verlag
der
Wissenschaften

Alwin Oppel

Kanada und die Deutschen

ISBN/EAN: 9783957003324

Auflage: 1

Erscheinungsjahr: 2015

Erscheinungsort: Norderstedt, Deutschland

Hergestellt in Europa, USA, Kanada, Australien, Japan
Verlag der Wissenschaften in Hansebooks GmbH, Norderstedt

Cover: Foto ©Jürgen Hoinka / pixelio.de

Verlag
der
Wissenschaften

Das Parlamentsgebäude in Ottawa

Das Deutschtum im Auslande

in Einzeldarstellungen

Dritter Band:

Prof. Dr. A. Oppel

Kanada und die Deutschen

Heimat und Welt

Herausgegeben unter Mitwirkung des „Vereins für
das Deutschtum im Ausland" von A. Geiser und
Dr. H. von Staden

Für nur 10 M. jährlich 12 reichillustrierte Monats-
hefte und 4 wertvolle Bücher in hübschen Einbänden

„Heimat und Welt" berichtet allmonatlich auf 32 reich mit Bildern
geschmückten Seiten über Deutsches Land und Volk in
aller Welt. Deutsche Sitten und Gebräuche — Heimatschutz
— Heimatpflege — Deutsche Natur — Deutsches Wandern —
Deutsche Arbeit im In- und Ausland — Erfahrungen der Aus-
landdeutschen — Entwicklung unserer Kolonien — Deutsches
Schul- und Bildungswesen im Auslande. Fremde Länder
und Völker, unsere wirtschaftlichen Beziehungen zu ihnen
— Der Unterhaltungsteil bringt kleine Novellen und Erzählungen
unserer ersten Prosadichter. — Der jetzigen großen Zeit und
ihren Kämpfen sind die Kriegshefte gewidmet.

Die Bücher für 1916:

Kanada und die Deutschen. Von Prof. Dr.
A. Oppel

Die Germanen in Europa. Von Otto Hauser

Die 4 Bücher für 1915:

Deutsche Kriegsschwänke. Von Dr. H. Keller-
mann

Rasse und Rassefragen in Deutschland.
Von Otto Hauser

Das Deutschtum in Belgien. Von Dr. W.
von Hauff

Das Deutschtum in Galizien. Von Dr. Th.
Zöckler

Ausführliche Prospekte und Probehefte durch
die Buchhandlungen und durch die Geschäftsstelle von
Heimat und Welt, Dresden-A.

Kanada und die Deutschen

von

Professor Dr. Alwin Oppel

Heimat und Welt=Verlag in Dresden

Alle Rechte vorbehalten

———

Erstes bis drittes Tausend

———

Dresden 1916
Kammlungsche Buchdruckerei (Inh. M. Rautenstrauch)

Inhaltsübersicht

———❖———

Verzeichnis der Abbildungen

Reise nach Kanada.
Entfernungen. Zeitunterschiede.
Maße und Gewichte.

Kanada gehört zu den großen Reiseländern der Erde. In erster Linie sind es Auswanderer, die sich in diesem ausgedehnten und aussichtsreichen Lande Arbeit und Verdienst für kürzere Zeit suchen oder auf die Dauer niederlassen wollen. Die Heimsucher dieser Art bilden die Mehrheit der Reisenden. Weniger groß, aber mannigfaltiger zusammengesetzt ist die Zahl derjenigen Reisenden, welche aus anderen Zwecken als den ebengenannten das Land besuchen. Manche wollen sich die Naturschönheiten ansehen, deren es nicht wenige gibt, namentlich im Gebiete der Seen und in dem herrlichen Gebirge des Westens. Andere führt Wissenschaft und Forschertrieb hin, sei es um die Naturverhältnisse zu untersuchen oder die wirtschaftlichen Fortschritte zu beobachten. Mit Recht gilt Kanada ferner für das Paradies des Sports, insonderheit der Jagd und der Fischerei, der Alpinistik und des Wintervergnügens. Nicht gering ist auch die Zahl der Weltreisenden oder Globetrotter oder der Geschäftsleute, die den Weg durch Kanada nehmen, weil er kürzer und angenehmer ist als die Fahrt durch die Vereinigten Staaten.

Die Mehrzahl der Reisenden aller Art kommt von Europa her, die Minderheit von Ostasien oder Australien. Für alle ist es wichtig, zu wissen, nicht nur, wie das Land aussieht und wie es beschaffen ist, sondern auch, welche Gelegenheiten zur Reise vorhanden sind, welche Kosten zustande kommen, welche Entfernungen zurückzulegen sind und welche Zeitunterschiede zu beachten sind. Ursprünglich konnte man aus Europa nur von England aus direkte

Fahrten nach Kanada machen. In den letzten Jahren vor
dem Kriege gab es auch eine kontinentale Kanada-Linie,
als gemeinsamen Dienst des Norddeutschen Lloyd, der
Hamburg-Amerika-Linie, der Holland-Amerika-Linie und
der Red Star-Linie. Diese Linie beförderte vorzugsweise
Zwischendeckreisende (Passagiere 3. Klasse), mitunter auch
solche zweiter Klasse, ist aber seit Beginn des Krieges eingegangen.

Fünf englische Linien und zwei kanadische besorgten
den Dienst von England nach Kanada und zurück. Es
waren die Allan-Linie, die kanadische Pazifische C. P. R.-
Eisenbahngesellschaft, die kanadisch-nördliche Gesellschaft
(Canadian Northern), die Cunard-Linie, die Donaldson-
Linie, die Manchester-Linie und die White Star (Ocean
Steam Navigation C.). Auch der Dienst dieser Gesellschaften
hat durch den Krieg Veränderungen erfahren, deren Einzelheiten hier nicht mitgeteilt werden können.

Die nachfolgende Schrift über Kanada lag bereits
vor dem gegenwärtigen Kriege druckbereit vor; da sich
an diesem auch Kanada beteiligt, so dürfte der Inhalt
für weiteste Kreise eine gute Handhabe zur Beurteilung
dieses Gegners darbieten.

Entfernungen zur See

	Seemeilen (Knoten)	km
Von Liverpool nach Halifax	2530	4680
„ „ „ Montreal	2786	5154
„ Vancouver „ Victoria	83	152
„ „ „ San Francisco	750	1372
„ „ „ Yokohama	4283	7923
„ „ „ Hongkong	5936	10982
„ „ „ Auckland	6223	11512
„ „ „ Sydney	6960	12876

Entfernungen zu Lande mit der Eisenbahn

	miles	km
Von Halifax nach Montreal	758	1213
„ St. John „ „	482	771

	miles	km
Von Montreal nach Ottawa	112	179
„ „ „ Toronto	333	533
„ „ „ Port Arthur	992	1587
„ „ „ Winnipeg	1555	2488
„ „ „ Regina	1780	2848
„ „ „ Edmonton	2207	3531
„ „ „ Calgary	2262	3619
„ „ „ Nelson	2522	4035
„ „ „ Vancouver	2904	4646

Mit dem besten Zug beansprucht die Fahrt von Montreal nach Vancouver 79 Stunden.

Zeitunterschiede

1 Uhr Nachmittag	in Bremen
12 „ Mittag	„ Greenwich (Liverpool)
8 „ Vormittag	„ Halifax und St. John
7 „ „	„ Quebec, Montreal und Toronto
6 „ „	„ Winnipeg
5 „ „	„ Regina und Edmonton
4 „ „	„ Vancouver und Victoria.

Maße und Gewichte

mile	1609 m	Bushel	36,36 l
square mile	2,59 qkm	Dollar	4,20 ℳ
Acre	0,4047 ha	Pound	453,6 g

I. Kanada als Ganzes.
1. Lage und Natur.

In seiner heutigen Gestalt und Abgrenzung ist Kanada eines der größten Länder der Erde mit einheitlicher politischer Organisation, ungefähr so groß wie der Erdteil Europa, größer als die Union mit Einschluß von Alaska; übertroffen wird es nur von Sibirien und von China in seinem weitesten Umfange. Das Deutsche Reich verhält sich zu Kanada dem Raume nach wie 1:18. In der Einwohnerzahl freilich steht es weit zurück. Mit seinen demnächst 8 Millionen Köpfen hat es ungefähr die gleiche Stufe mit der preußischen Rheinprovinz. Von den europäischen Kolonialgebieten sind es nur Sibirien und Australien, die eine geringere Seelenzahl aufweisen. Um die verhältnismäßig recht geringe Einwohnerzahl zu verstehen, muß man nicht nur daran denken, daß Kanada ein Kolonialland von ziemlich junger Besiedelung ist, sondern man hat sich auch die Tatsache beständig vor Augen zu halten, daß es sehr weit nach Norden vorgeschoben ist und daß die vorhandene Bevölkerung der Hauptsache nach auf einen ziemlich schmalen Streifen zusammengedrängt erscheint, der sich am Südrande des Landes von der Küste des Atlantischen zu dem Gestade des Stillen Ozeans hinzieht. Die ungeheuren Räume nördlich von diesem Streifen sind äußerst arm an Menschen; auf weite Entfernungen sogar unbewohnt, jedenfalls ohne feste Ansiedelungen.

Die Südgrenze Kanadas, gegen die Vereinigten Staaten, läuft in der größeren Hälfte ganz gerade auf dem 49. Parallel hin, entspricht also der Lage von süddeutschen Städten wie Karlsruhe und Regensburg. In den alten Landesteilen des Ostens dagegen bewegt sich die Grenzlinie in recht unregelmäßiger Weise, namentlich im Gebiete der großen Seen, wo das kanadische Gebiet bis an das Südwestende des Eriesees hinabreicht, bis zum 42. Parallel, der in Europa Mittelitalien durchschneidet und ungefähr Rom berührt. Die zwischen den Großen Seen nach Südwesten vorspringende Halbinsel hat zwar einen ziemlich geringen Umfang, verdient aber aus klimatischen und

anderen Gründen als einer der besten Teile Kanadas be=
zeichnet zu werden. Festlandsgrenze kommt sonst nur noch
im äußersten Nordwesten gegen das im Besitz der Union
befindliche Territorium Alaska vor. Im übrigen wird
Kanada vom Meere begrenzt, im Osten vom Atlantischen,
im Westen vom Stillen Ozean, im Norden vom nördlichen
Eismeere. Die Küste am Atlantischen Ozean ist nicht nur
die längste von den dreien, sondern auch die am reichsten
und kräftigsten gegliederte, selbst wenn man von den an
der Davisstraße und der Baffinbay gelegenen Inseln ab=
sieht. Zunächst sind an der Ostseite zwei Halbinseln und
eine Insel hervorzuheben. Die Insel ist Neufundland, die
allerdings nicht zu Kanada, wohl aber zum Britischen Be=
sitze gehört. Die Halbinseln sind Neuschottland und das
viel größere Labrador. Zwischen den drei genannten Land=
körpern befindet sich der ausgedehnte St. Lorenzgolf, der
vom Atlantischen Ozean her zwei Zugänge hat, die Cabot=
straße südlich und die Belle Jsleftraße nördlich von Neu=
fundland. Das Nordende von Labrador liegt an der Hudson=
straße, die in die Hudsonbay führt. Diese hat an ihrer
Nordseite einige Zugänge zu den Meeresteilen, die sich
aus dem Eismeer zwischen die Inseln und die Festlandsküste
einzwängen. Die Nordküste Kanadas überschreitet überall
den nördlichen Polarkreis, am weitesten mit der Halbinsel
Boothia Felix, deren äußerster Vorsprung, Kap Murchison,
unter $72\frac{1}{2}°$ n. Br. liegt, also etwa weiter nach Norden als
das Nordkap in Europa, aber äußerst schwer zugänglich
wegen der Eismassen, die sich in den teilweise schmalen
Kanälen und Straßen entsetzlich verstopfen.

Die kanadische Küstenstrecke am Stillen Ozean ist ver=
hältnismäßig klein. Sie umfaßt zunächst zwei größere
Inseln: Vancouver und den Königin Charlotte Archipel,
und hinter diesem eine der ausgezeichnetsten Fjordküsten der
Erde mit zahlreichen schmalen Meeresbuchten und einer
entsprechenden Schar von Inseln und Halbinseln. Land=
einwärts von diesen erheben sich gewaltige Berge, an den
unteren Abhängen mit dichten Waldungen bedeckt, auf
den oberen in einen glänzenden Schneemantel gehüllt,
aus dem, wie in unseren Alpen, lange Eisströme in die

tieferen Täler hinabfließen. Ist somit die westliche Küste von
der östlichen durch Großartigkeit und Mannigfaltigkeit der
landschaftlichen Gestaltung auf das entschiedenste bevorzugt, so ist diese dagegen für Verkehrszwecke wesentlich
besser von der Natur ausgestattet. Denn aus dem Atlantischen Ozean kann man mittels des breiten und teilweise
tiefen St. Lorenzstromes weit in das Innere des Landes
vordringen, während die Gewässer des Westens nur an
ihren Mündungen für Wasserfahrzeuge brauchbar sind,
weiter landeinwärts aber wegen ihrer Stromschnellen jedes
Vordringen ausschließen. So mußte die Kultur von Osten
herkommen und sich nach und nach bis zum äußersten
Westen verbreiten. Das konnte aber nur mit neuzeitlichen
Verkehrsmitteln geschehen. Unschwer läßt sich der Land-
körper Kanadas als ein Viereck auffassen, dessen ostwestliche
Ausdehnung im Durchschnitt größer als seine südnördliche
ist. Faßt man aber die äußersten Punkte im Süden und
Norden ins Auge, so kommt vom Eriesee bis zum Kap
Murchison eine Erstreckung von rund 3500 km zustande,
während die größte Entfernung von Ost nach West, von
Kap St. Charles in Labrador bis an den Stillen Ozean,
6600 km ausmacht, in gerader Linie gemessen. Die kanadische Überlandbahn von Halifax nach Vancouver, einschließlich ihrer Abweichungen von der geraden Linie, ist
5860 km lang. Diese Zahlenangaben lassen ermessen, um
welch' bedeutende Ausmaße es sich nach den verschiedenen
Richtungen handelt, und sie lassen es verstehen, daß das Vordringen in die entlegeneren Landesteile nur langsam vor
sich gehen konnte, und daß dabei außerordentliche Schwierigkeiten zu überwinden waren. Wenn der Umstand, daß
Kanada an seiner ganzen nördlichen Breitseite vom Eismeer begrenzt wird, als eine Ungunst der Natur bezeichnet
werden muß, so läßt sich anderseits nicht verkennen, daß
im übrigen seine Weltstellung eine durchaus vorteilhafte
ist. Denn von allen Teilen Amerikas hat die Dominion
die größte Annäherung an die durch Ozeane von ihr ge-
schiedenen Erdteile. Im Osten streckt es sich weiter vor,
als das übrige Nordamerika, namentlich in der Richtung
auf diejenigen Länder Europas, in denen seit geraumer

Zeit der Schwerpunkt des Weltverkehrs und des Welt-
handels liegt. Die Belle Isleſtraße und Kap St. Charles
liegen faſt genau auf demſelben Parallelkreiſe mit Hamburg
und Bremen. Die Mündung des St. Lorenzſtromes ent-
ſpricht durchaus dem Kanal zwiſchen England und Frankreich.
Ähnliche Vorteile der Weltlage machen ſich im Weſten in
der Richtung auf die Inſeln und Küſten Aſiens bemerkbar.
Die Entfernung zwiſchen Vancouver und Kamtſchatka iſt
viel kleiner als diejenige zwiſchen San Francisco und
Yokohama. Allerdings kommt dieſer Vorteil einſtweilen
nicht zur Geltung, da die pazifiſche Seite der ruſſiſchen
Beſitzungen noch nicht entwickelt iſt und ſehr wenig
Veranlaſſung zu Außenverkehr gibt. Dagegen iſt die kanadiſche Weſtküſte vor dem Oſten inſofern bevorzugt, als
infolge der klimatiſchen Verhältniſſe die Schiffahrt das
ganze Jahr hindurch ohne jede Störung ſtattfindet, während
im Oſten die Einfahrt in den St. Lorenz in der Regel jedes
Jahr mehrere Monate lang durch Eis verſperrt iſt, die
Schiffahrt in den Umgebungen von Neufundland bis in
das Frühjahr hinein durch Eisberge geſtört, gelegentlich
ſogar gefährdet iſt. Die Weltlage Kanadas kann aber durch
nichts deutlicher zum Ausdruck gebracht werden als durch
den Hinweis auf die Tatſache, daß die kürzeſte Reiſe um
die Erde gegenwärtig durch dieſes Land gemacht wird;
es beſitzt dadurch Beziehungen und Zuſammenhänge, die
für ſeine weitere Entwicklungen noch von viel größerer Bedeutung werden können, als ſie es gegenwärtig ſchon ſind.

Für die gegenwärtige und künftige Entfaltung des
Landes iſt auch der Umſtand wichtig, daß ſein Ober-
flächenbau ſehr einfach iſt. Im Oſten befindet ſich ein
niedriges Gebirge, die Fortſetzung, das Ende und zugleich
die Abſchwächung des appalachiſchen Erhebungsſyſtems,
das ſeine höchſten und geſchloſſenſten Teile in den Vereinigten
Staaten hat. In Kanada erſcheint es durchaus nicht mehr
in ſo feſtem Zuſammenhalt wie dort, ſondern in Form
kleinerer Gruppen von mäßiger Höhe, zwiſchen denen ſich
ausgedehnte flache und hügelige Räume erſtrecken. Die
ſtärkſte Unterbrechung erleidet das kanadiſche Oſtgebirge
durch den breiten, an ſeiner Mündung meerbuſenartig

erweiterten St. Lorenzstrom. Nördlich davon, an der
Küste von Labrador, steigt zwar das Gebirge noch einmal
zu ansehnlicheren Höhen empor, aber es ist überall ziemlich
schmal und erstreckt sich nirgends tief in die Halbinsel hinein,
die in ihrer Gesamtheit den Eindruck einer in der Mitte
etwas aufgewölbten Hochfläche macht.

An das Ostgebirge schließen sich nach Westen zu Flächen
von gewaltiger Ausdehnung, die zwar eine verschiedene
geologische Entstehung bekunden, aber doch im wesentlichen
als Ebenen von geringer Meereshöhe und als Hügelgebiete
angesprochen werden müssen. Diese tief liegenden Gebilde
erstrecken sich mehrere Tausende von Kilometern in west-
licher Richtung bis an den Fuß des großen Westgebirges,
dessen binnenländische Hauptkette man als Felsengebirge
zu bezeichnen pflegt. Die riesige, gebirgslose Binnen-
fläche, die wir eben von Osten nach Westen verfolgt haben,
hat zwar eine gewisse Aufwölbung in Form einer ostwestlich
verlaufenden Landschwelle aufzuweisen, aber von da an
nach Norden sinkt sie fast ohne Unterbrechungen ab, bis sie
das Meer erreicht. Am raschesten geschieht dies an der
Stelle, wo sich die Jamesbay, die südliche Abzweigung
der Hudsonbay, in das Land einkeilt. Weiter nach Westen
herrscht aber eine ungeheure Einförmigkeit der Oberflächenbildung, die ohnegleichen auf der Welt dastehen
würde, wenn nicht durch die zahllosen Wasserbecken von
den verschiedensten Größen und Gestalten eine gewisse
Abwechslung zustande käme.

Ein imposantes Gebirge und zugleich ein prachtvoller
Abschluß des Landes tritt uns in dem äußersten Westen
entgegen. Es sind die alpenhohen Kordilleren, die Fortsetzung der gleichen Erhebung in der Union mit dem Abschluß in Alaska. Diese Kordilleren sind mit allen Eigenschaften und Reizen der Hochgebirgswelt ausgestattet, vor
den Europäischen Alpen aber dadurch bevorzugt, daß sie
ansehnliche Vorräte verschiedener nutzbarer Mineralien
enthalten, vor allem Kohle und Gold. Auch hier erwies
sich Gold als ein starkes Lockmittel für die Einwanderer,
während Kohle dazu beiträgt, sie auf die Dauer festzuhalten,
wozu das Gold allein nicht imstande ist.

Als Ganzes betrachtet bietet sich somit Kanada als
eine riesige Mulde dar, mit schwächerem Rande im Osten,
mit stärkerem im Westen, ohne deutliche Abgrenzungen
dagegen nach Norden und Süden. Diese einfache Grund-
gestalt ist wichtig für das Verständnis des Klimas. Im
Ost und West ist das Land den Einwirkungen der benachbarten Ozeane ausgesetzt, jedoch mit dem Unterschiede,
daß die Luftströmungen, die aus dem Stillen Ozean
kommen, sich in der Hauptsache auf das hohe Kordillerengebirge beschränken, während die Winde aus dem Atlantischen Ozeane wegen der geringen Höhe der dortigen Erhebungen recht weit in das Innere eindringen können.
Den klimatischen Charakter des Innern vermögen allerdings auch sie nicht in erster Linie zu gestalten. Dies geschieht vielmehr durch die Luftströmungen, welche von
Süden und Norden ungehindert in der flachen Mulde sich
ausdehnen können. Aus diesem Grunde herrscht im größten
Teile von Kanada der kontinentale Typus des Klimas
mit sehr starken Gegensätzen zwischen Sommerwärme und
Winterkälte. Da letztere aber sehr bedeutend ist, lange
anhält und sich auch auf die Ostküste erstreckt, die außerdem
noch unter der Einwirkung von kalten Meeresströmungen
steht, so ist die mittlere Jahreswärme in Kanada verhältnismäßig tief, jedenfalls erheblich tiefer als in den gleichbreitigen Gebieten West- und Südeuropas. Am besten
läßt sich das Klima Kanadas mit dem Ostrußlands und
Sibiriens vergleichen. Eine Ausnahme bilden nur die
Küstengegenden des Stillen Ozeans, die wärmer und
regenreicher als die übrigen Gegenden gleicher Breite sind,
weil sie dem Einflusse einer warmen Meeresströmung
ausgesetzt sind.

Die Ursache der durchschnittlich recht hohen Sommerwärme liegt in den Wärmewellen, die sich von Süden
her aus den Tropen durch die nordamerikanische Mulde
ungehemmt nach Norden wälzen und der Hauptsache nach
den ganzen Sommer anhalten, ohne durch anhaltende
kalte Winde abgekühlt oder zurückgedämmt zu werden.
Die anhaltenden und ungemein tiefen Wintertemperaturen
erklären sich aus dem Umstande, daß die eisigkalten Nord-

winde ebenso ungehemmt nach Süden vordringen können.
Bekanntlich erstreckt sich ihre Wirkung auch auf die Vereinigten Staaten bis hinunter an die Küste des merikanischen Golfes. Die Folge der starken und anhaltenden
Fröste äußert sich in Kanada darin, daß Flüsse und Binnenseen regelmäßig zufrieren und eine mehrmonatige Eisdecke
tragen. Selbst in der Gegend des 50. Parallels dauert
diese vier bis fünf Monate an. Nur die weit nach Südwest
vorspringende Seenhalbinsel in Ontario genießt günstigere
Bedingungen. Aber auch hier kommt es vor, daß der
Niagarafall zufriert.

Die Schneedecke des Winters ist nicht überall von
gleicher Dicke. In dem niederschlagsreichen Osten ist sie
beträchtlicher als in den Binnenstrichen. Hier vollzieht
sich der Übergang vom Winter zur Sommerwärme rasch,
während derjenige vom Herbst zum Winter langsam vor
sich geht. Diese als „Indianersommer" bezeichnete Zeit
ist besonders angenehm; auch erzeugt sie in den südlichen
Strichen die wunderbare Verfärbung der Laubbäume.
Trotz seiner ausgesprochenen Gegensätzlichkeit ist das kanadische Klima für das organische Leben keineswegs ungünstig. Vielmehr gedeihen, namentlich in den südlichen
Landesteilen, Pflanzen, Tiere und Menschen vortrefflich.
Es herrscht eben viel Sonnenschein und klare Luft, auch
im Winter, und was besonders wichtig ist, es fehlt an den
raschen Übergängen und Schwankungen, an denen das
ozeanische Klima Überfluß hat und zahlreiche Erkrankungen
der Atmungsorgane hervorruft. Daher gibt es in Kanada
ungewöhnlich viel alte Leute.

Ein Vorzug der klimatischen Lage Kanadas besteht
auch darin, daß es völlig wüstenhafte Gegenden nicht
gibt. Im allgemeinen reichen die Niederschläge aus, um
den Pflanzenwuchs gedeihen zu lassen. Dazu kommt ein
außerordentlicher Reichtum an fließenden und stehenden
Gewässern. Rechnet man alle Binnenseen zusammen,
so gibt es eine Fläche bald so groß wie das Königreich
Preußen. Seen fehlen zwar in keinem Teile Kanadas,
aber in besonderer Größe und Zahl treten sie in den Umgebungen der Hudsonbay und im Mackenziebecken auf.

Chateau Laurier in Ottawa

Südlich der ersteren und durch eine Hochfläche alter Gesteinsschichten von ihr getrennt, liegen an der Grenze der Vereinigten Staaten die fünf Großen Seen, welche zusammen so groß sind wie das Königreich Italien. Allerdings gehören sie nicht ganz zu Kanada, denn der Michigan ist ganz vereinsstaatlich, von den andern nur ungefähr die Hälfte. Von den größeren Becken, welche die Binnenmulde ausfüllen, wie der Winnipeg-, Athapaska-, Großer Sklaven- und Großer Bärensee, kommt jeder einer mittleren oder kleineren preußischen Provinz an Flächenraum gleich. Die Seen stehen vielfach durch Flußläufe miteinander in Verbindung. Häufig geben sie dadurch ausgedehnte Wasserstraßen ab; nicht selten aber kommt es auch vor, daß in den Flußläufen Stromschnellen liegen. Um diese müssen dann die Boote oder Kanus herumgetragen werden; daher nennt man solche Stellen seit den Zeiten der Franzosen „Portages". In manchen Gegenden liegen die Seen so dicht bei einander, wie es in Finnland der Fall ist. An Fischen ist kein Mangel in den Seen.

Kanadas Flüsse lassen sich nach ihren Mündungsgebieten in vier Gruppen zerlegen, die atlantische, die Hudsonbay-, die Eismeer- und die pazifische. Der Hauptvertreter der atlantischen Gruppe, zugleich der stattlichste und verkehrswichtigste Fluß von ganz Kanada ist der St. Lorenzstrom, der Abfluß der Großen Seen. Ursprünglich war er für größere Schiffe nur bis etwas über die Stadt Quebec hinaus brauchbar. Seitdem er aber reguliert worden ist, und die verschiedenen Stromschnellen sowohl seines Laufes als auch der Verbindungsstrecken der Seen durch Schleusenkanäle fahrbar gemacht worden sind, steht ein Binnenschiffahrtsweg zur Verfügung, der seinesgleichen auf Erden nicht hat. Von der Mündung des Stromes bis zum Ende des oberen Sees, auf eine Entfernung von mehr als 2000 km, können Güter und Personen in einem Zusammenhange befördert werden. Von besonderer Bedeutung ist dabei der Umstand, daß diese Binnenfahrstraße gerade die wertvollsten Teile des Landes durchläuft oder berührt oder wenigstens aufschließt. In seiner Gesamtheit eignet sie sich zwar nur für Massen-

güter, die eine langsame Beförderung vertragen. Auf
ihren Teilstrecken kommt sie aber für jede Verkehrsart in
Betracht. Von den Zuflüssen der Hudsonbay verdient vor
allem der Nelson hervorgehoben zu werden. Dieser ent-
strömt dem umfangreichen Winnipegsee, der seinerseits
von Westen her den Saskatschewan, von Süden her den
Red River mit dem Assiniboine, von Südosten aus den
Abfluß des Woodsees usw. aufnimmt. Leider ist der
Nelson mit so vielen und so ungebärdigen Stromschnellen
behaftet, daß eine regelmäßige Schiffahrt nicht stattfinden
kann. Das Gleiche gilt von dem etwas weiter nach Norden
fließenden Churchill, während sich der kürzere, in die Jamesbay sich ergießende Albany brauchbarer erweist. Der
Hauptstrom des Nordens, der Mackenzie, dessen Lauf
parallel der Streichung der Felsengebirge erfolgt, erhält
sein Wasser teils von diesen, teils aus den großen Seen,
mit denen er mittelbar oder unmittelbar in Verbindung
steht. Für den Verkehr wird er zwar schon jetzt benutzt;
eine größere Bedeutung dafür wird er wohl aber niemals
erlangen, da die Umgebungen seines Unterlaufes eine
Besiedelung durch Weiße nicht zulassen, und da er in das Eismeer mündet, das den größten Teil des Jahres von Eis
starrt. Die Felsengebirge bilden die Wasserscheide zwischen
dem Stillen Ozean und den Gebieten des Ostens und
Nordens. Wegen der gebirgigen Beschaffenheit des Westens
können sich größere und verkehrsfreundliche Flüsse nicht
bilden. Eine Ausnahme bildet der Yukon, der wenigstens
während des Sommers auf eine weite Strecke mit größeren
Schiffen befahren werden kann. Aber der größte Teil
seines Laufes liegt in dem vereinsstaatlichen Alaska; für
Kanada fällt demnach wenig ab.

Die Pflanzendecke Kanadas tritt in drei Hauptformen
auf; diese sind die Tundra, der Wald und die Prärie.

Die Tundra nimmt den Nordrand des Landes ein
und besteht aus Flächen ohne Bäume, bewachsen vorzugsweise von Moosen und Flechten, von denen die ersteren
in den niedrigen und sumpfigen Strecken, die letzteren
auf den etwas höheren und felsigen Stellen vorkommen.
Vielfach ist der Boden aber auch pflanzenlos, entweder

mit Steingeröll überzogen oder es sind Felsplatten, von
den ehemaligen Gletschern vielfach geritzt und glatt ge=
schliffen. Neun Monate hindurch ist die Tundra fest ge=
froren und von einer dünnen Schneedecke eingehüllt.
Furchtbare Stürme brausen im Winter darüber hinweg.
In dem kurzen Sommer taut nur die Oberfläche auf, und
in den Vertiefungen bilden sich dann unzählige Teiche und
Lachen. Das Eis in der Tiefe bleibt von der Wärme un=
berührt. Unter solchen klimatischen Verhältnissen ist keine
Aussicht vorhanden, daß in der Tundra, abgesehen von
einzelnen besonders begünstigten Flecken, jemals Boden=
anbau größeren Stils betrieben werden kann. Aller Voraus=
sicht nach wird die Tundra auch in Zukunft bleiben, was
sie jetzt ist, eine weite, öde Fläche, gelegentlich durchstreift
von kleinen Horden Eingeborener, die ihr Dasein mit Jagd
und Fischfang fristen. An Tieren dazu fehlt es nicht, ins=
besondere gibt es ungeheure Herden wilder Renntiere,
aber auch Milliarden von Stechmücken.

Alles was südlich der Tundra liegt, war ursprünglich
entweder Gras= oder Waldland. Das Grasland oder
die Prärie Kanadas ist der letzte Ausläufer einer Pflanzen=
formation, die, am Golf von Mexiko beginnend, durch die
Union hindurchzieht und etwa am nördlichen Saskatschewan=
flusse endet. Dem Raume nach ist die Prärie der kleinste
der eben unterschiedenen Teile, für Landwirtschaft und
Viehzucht aber unfraglich der wichtigste. Im Osten durch
die laurentische Seenplatte, im Westen durch den Fuß der
Felsengebirge begrenzt, steigt die Prärie von der Gegend
des Winnipegsees in mehreren Stufen westwärts an, trägt
fast überall nahrhafte Gräser, die unmittelbar zur Ernährung
von Weidetieren dienen können. Ferner besteht der Boden
aus solchen Gebilden, die sich zum Zwecke des Anbaus ge=
eigneter Feldfrüchte leicht bearbeiten lassen.

Das Waldland, welches den größten Teil Kanadas
auch heute noch einnimmt, obwohl seit der Besiedelung
manche Strecken abgeholzt sind, läßt sich in drei Abteilungen
zerlegen: den Osten, die Mitte und den Westen. Im Osten
hat man es mit der Fortsetzung des großen Waldgürtels
zu tun, der sich aus dem Süden der Union nordwärts er=

streckt und in Labrador sein Ende findet. Während anfangs
vorzugsweise Laubbäume den Wald bilden oder mit
Nadelbäumen durchmischt sind, verschwinden sie nach
und nach, und an ihre Stelle treten nordische Nadelhölzer,
von denen einige bis zur Polargrenze des Waldes vor-
bringen, die in Labrador durchschnittlich bei 57° n. Br. liegt.
Das Waldkleid des Ostens ist in den nördlichen Teilen noch
vollständig erhalten, in den südlichen dagegen vielfach
zerstört, wenn auch nicht mit so barbarischem Vandalismus
wie in vielen Teilen der Vereinigten Staaten, denn die
Waldausbeute ist in den Provinzen Quebec und Ontario
wohl nirgends über den 50. Parallel nach Norden vor-
gedrungen. Das Mittelstück des kanadischen Urwaldes
reicht von der Nordgrenze der Prärie am Saskatschewan
bis zur Polargrenze des Waldes oder bis an die Tundra
heran. Diese Grenze entspricht ungefähr einer Linie, die
man sich von Fort Churchill am Ostufer der Hudsonbay
nach der Mündung des Mackenzieflusses gezogen zu denken
hat. Im Westen reicht also der Wald erheblich weiter nach
Norden als im Osten, allerdings ist er auch weniger geschlossen als dort, namentlich wegen der zahlreichen großen
Binnenseen, die ihn unterbrechen. In den südlichen Teilen
des Mittelstückes kommen noch Vertreter der Laubbäume
vor, namentlich Eschen und Ahorne; weiter nach Norden
herrschen aber Nadelhölzer durchaus vor. Das Holzgeschäft
wird nur in einigen Teilen des Südens betrieben; im
übrigen sind die Bestände ungelichtet. Der westliche Wald
endlich ist durchaus Gebirgswald und besteht fast ausschließlich aus Nadelbäumen, unter denen sich die rote
Zeder, die Sitkafichte, die Hemlocktanne u. a. durch Größe
und Schönheit des Wuchses auszeichnen. Britisch-Kolumbien
enthält wie die benachbarten Staaten der Union die herrlichsten Nadelholzbestände der Erde, zugleich auch die wertvollsten, mit deren Ausbeute man schon seit mehreren
Jahrzehnten begonnen hat. Aber die große Masse des
Urwuchses ist noch vorhanden und wird auch lange bestehen
bleiben, da die Reviere meist sehr schwer zugänglich sind.

Kanada ist ein gelobtes Land für Fischerei und
Jagd. Wie die Eingeborenen Jahrtausende hindurch sich

durch diese Tätigkeiten erhalten haben und meist auch noch
erhalten, so haben beide auch unter den Eingewanderten
ihre Liebhaber gefunden. Und in der Tat dürfte es kaum
ein Land der Erde geben, welches eine sovielseitige und
wertvolle Beute gewährt wie Kanada. Seit mehreren
Jahrhunderten ist hier die Hudsonbay-Gesellschaft mit
Erfolg tätig. Dieser Hinweis möge genügen, um von
dem Reichtum an verwertbaren Jagdtieren eine Vor-
stellung zu geben. Daneben gibt es natürlich auch zahl=
reiche Geschöpfe, die für die Jagd nicht in Betracht
kommen.

In zoologischer Beziehung kann man die Gesamt=
heit der ursprünglichen Tierwelt Kanadas als eine Mischung
arktischer Formen mit Vertretern südlicherer Gegenden
bezeichnen. Diese südlichen Tiere konnten wegen des
Mangels an einem hohen Quergebirge soweit nach Norden
vordringen, als es ihre Eigenart und die vorhandenen
Lebensbedingungen nur irgend gestatten. Von den nor-
dischen Säugetieren finden sich das wilde Renntier oder
Karibu, der Moschusochse, der Polarbär, der Eisfuchs,
der Vielfraß, der Luchs, der Lemming, der Polarhase,
der Wolf, der Zobel, der Marder, das Wiesel, der Hermelin
und an einigen Küsten der Seehund. Von den südlicheren
Säugetieren kommen der Waschbär, der Biber, der Mink,
der Skunk (Stinktier), der Otter, die Wildkatze, der Prärie-
hund, der Dachs und der Hase häufiger vor. In den Wäldern
gibt es zahlreiche Eichhörnchen, in den Felsengebirgen
leben das Bergschaf und die reichbehaarte Bergziege; auch
findet sich gelegentlich der gewaltige Grizzlybär. Der
Büffel, der einst die Prärie bewohnte und bis zum großen
Sklavensee vordrang, ist bis auf einige geringe Reste ausgerottet worden. Etwas häufiger trifft man den Elch oder
das Moosdeer, das größte Säugetier der amerikanischen
Wälder. Von den Vögeln sind die Ohreneule, die Schnee-
eule, das Schneehuhn, die Schneeammer, die Schneegans
und der dreizehige Specht fast allgemein verbreitet; auf
den Süden beschränken sich der Beutelstar, der Kolibri,
der Blauvogel, die Purpurschwalbe u. a. Im Frühjahr
und Herbst erscheinen manche Wandervögel. Reptilien

und Amphibien sind nicht sehr zahlreich. Von den ersteren gehen der Frosch, die Kröte und der Salamander weit nach Norden, während einige Schlangenarten, darunter die Klapperschlange, und mehrere Schildkrötenarten nur im Süden angetroffen werden. Von den Insekten sind Schmetterlinge und Käfer hervorzuheben, namentlich aber auch Bremsen und Mücken, die gerade im Norden in ungeheuren Mengen vorkommen und während des Sommers in den sumpfigen Gegenden eine entsetzliche Landplage bilden. Des Reichtums an Fischen in Seen und Flüssen wurde bereits Erwähnung getan. Der Weißfisch findet sich hauptsächlich in den Großen Seen. Sehr häufig sind ferner der Lachs, namentlich in den Unterläufen der Flüsse des Westens, die Forelle, der Hecht, der Karpfen usw. In den Küstengewässern des Ostens steht der Dorsch (Cod) an erster Stelle; außerdem sind Makrele, Schellfisch, Heilbutt, Hering, Hummer und Sardinen häufig. In den nördlichen Meeresteilen kommen noch Robben und Wale vor.

2. Einteilung und Bevölkerung.

Die Bevölkerung Kanadas hat sich auf Grund von Volkszählungen in dem Zeitraume 1871—1911 von 3 485 761 auf 7 206 549 Seelen vermehrt, also in vierzig Jahren reichlich verdoppelt. Im Jahre 1911 verteilte sich die Bevölkerung auf die einzelnen Provinzen und Territorien wie folgt.

	qkm	Einwohner	Dichte auf qkm
Neuschottland	55 500	492 338	9,0
Neubraunschweig	72 480	351 889	5,0
Prinz Edwards-Insel	5 660	93 728	16,0
Quebec	911 310	2 003 232	2,2
Ontario	675 600	2 523 274	3,7
Manitoba	190 960	455 614	2,4
Saskatschavan	651 880	492 338	0,8
Alberta	661 160	374 663	0,6
Britisch-Kolumbia	921 630	392 480	0,1
Yukon	536 300	8 512	0,01
Nordwestterritorien	4 976 960	18 481	0,003
zusammen:	9 659 440	7 206 549	0,7

Im Jahre 1912 wurde auf Parlamentsbeschluß eine teilweise Neueinteilung vorgenommen; dadurch stieg der
Umfang von Quebec auf 1 830 600, von Ontario auf
1 054 800, von Manitoba auf 652 200 qkm und zwar auf
Kosten der Nordwestterritorien, die gegenwärtig einen
Raum von 3 217 200 qkm oder rund den sechsfachen
Betrag des Deutschen Reiches ausmachen. Der Zuwachs
oder Bevölkerung für die vergrößerten Provinzen ist
sehr gering; für Manitoba rechnet man 5200, für Ontario 3300 Köpfe; für Quebec ist der Betrag zurzeit nicht
bekannt.

Bei den einzelnen Teilen Kanadas treten in bezug auf
ihre Raumgröße, auch wenn man von den außerordentlich
menschenarmen Nordwestterritorien absieht, ungemeine
Unterschiede hervor. Quebec, jetzt die umfangsreichste der
kanadischen Provinzen — ist reichlich dreieinhalbmal so
groß wie das Deutsche Reich, hat aber nur wenig mehr als
zwei Millionen Einwohner. Die Provinz Ontario, jetzt
etwa so groß wie Deutschland und Frankreich zusammengenommen, beherbergt 2½ Millionen Menschen, während
in den zwei genannten Staaten deren 106 Millionen leben.
Etwas stärker als in Ontario ist die Volksdichte in den
Küstenprovinzen Neuschottland, Neubraunschweig und
Prinz Edwards-Insel, aber man muß dabei bedenken, daß
diese viel kleiner sind und ihre Gebiete eine durchaus einheitliche Natur besitzen, während bei Ontario und namentlich bei Quebec außerordentliche Gegensätze obwalten.
Die genannten Provinzen, die man als die östlichen und
älter besiedelten zu einer Einheit zusammenfassen kann,
umfassen nach den neuesten Arealbestimmungen rund
3 Millionen oder knapp ein Drittel des Gesamtareals von
Kanada, aber 5½ Millionen Einwohner oder reichlich fünf
Siebentel der Gesamtbevölkerung.

Unter den Provinzen des Westens herrscht in Raum-
größe und Seelenzahl keine so große Verschiedenheit wie
sie eben bei den Landesteilen des Ostens festgestellt wurde.
Das Britische Kolumbien, die ausgedehnteste der vier
Westprovinzen, ist reichlich anderthalbmal so groß wie das
Deutsche Reich, während jede der drei übrigen ungefähr

mit dem Kaisertume Österreich-Ungarn auf gleicher Stufe
steht. In der Volksdichte geben die vier Westprovinzen —
Manitoba dabei nach der neuen Arealangabe — einander
nicht viel nach; sie sind alle noch recht dünn bevölkert.
Aber man muß dabei nicht außer acht lassen, daß sie
sämtlich jung besiedelt sind. Im Jahre 1871 hatten sie
zusammen 61475, vierzig Jahre später aber 1 614 589
Einwohner.

Der Unterschied in der Entwicklung der beiden Hauptteile des Landes ist offensichtlich. Während im Osten die
Volksvermehrung kaum größer ist als sie durch die natürliche
Zunahme bewirkt zu werden pflegt, hat der Westen das
Steigen seiner Seelenzahl hauptsächlich der Einwanderung
zu verdanken, die sich namentlich im letzten Jahrzehnt sehr
lebhaft gestaltete. Bei gleichem Fortschreiten der Dinge
ist mit aller Wahrscheinlichkeit vorherzusagen, daß in einigen
Jahrzehnten der Westen die Mehrheit der kanadischen Bevölkerung enthalten wird. Außer dieser Verschiebung des
Bevölkerungsverhältnisses zwischen Westen und Osten
haben sich noch einige andere Veränderungen in der Einwohnerschaft vollzogen, von denen zuerst die Zusammensetzung nach der Herkunft besprochen werden soll. Bis um
die Mitte des Jahrhunderts, ja bis weit in dessen zweite
Hälfte hinein waren es außer Eingeborenen fast ausschließlich Nachkommen der zuerst eingewanderten Franzosen
sowie Einwanderer und deren Nachkommen aus Großbritannien und Irland, welche das Land bewohnten.
Später kamen Einwanderer auch aus den übrigen
Ländern Europas sowie aus einigen anderen Gebieten
hinzu, so daß heute in Kanada ein ebenso buntes Völker-
bild besteht wie in den benachbarten Vereinigten Staaten,
nur mit dem wesentlichen Unterschiede, daß die Afrikaner
in sehr geringer Zahl vertreten sind. Auf Grund der Census-
aufnahmen, welche den ethnographischen Ursprung der
Einwohner mit großer Gewissenhaftigkeit mitteilen, gab
es im Jahre 1911 in Kanada, so weit sich die Herkunft feststellen ließ, geordnet nach der Höhe des Anteils

Personen	b. Bevölk. %		Personen	b. Bevölk. %
Franzosen	2 054 080	28,51	Übertrag	6 917 538	95,99
Engländer	1 823 873	25,31	Chinesen	27 774	0,39
Iren	1 050 384	14,58	Neger	16 877	0,23
Schotten und			Finnen	15 497	0,20
Waliser	1 022 728	14,19	Ungarn	11 605	0,16
Deutsche	393 320	5,46	Bukowinier	9 960	0,14
Skandinavier	107 535	1,49	Belgier	9 593	0,13
Indianer	105 492	1,46	Japaner	9 021	0,13
Juden	75 681	1,05	Schweizer	6 625	0,09
Niederländer	54 986	0,76	Bulgaren und		
Italiener	45 411	0,63	Rumänen	5 873	0,08
Russen	43 142	0,60	Türken	3 880	0,05
Deutschösterreich.	42 535	0,59	Griechen	3 594	0,05
Galizier	35 158	0,49	Hindu	2 324	0,03
Polen	33 365	0,46	Verschiedene	18 310	0,25
Ruthenen	29 848	0,41	Nicht festgestellt	148 148	2,04
			zusammen	7 206 549	100,00

Nach der politischen Angehörigkeit der einzelnen Volksbestandteile stehen die Vertreter des Vereinigten Königreichs an erster Stelle; sie machen etwas mehr als die Hälfte der Gesamtbevölkerung aus. Vom Standpunkt der Rassenfrage muß Kanada als ein überwiegend keltisches Land angesprochen werden, denn die Franzosen, Iren, Schotten und Walliser stellen zusammengenommen reichlich vier Millionen Seelen dar.

Die Franzosen oder Frankokanadier nehmen in der Bevölkerung nicht nur dadurch eine besondere Stellung ein, daß sie unter den verschiedenen Nationalitäten am zahlreichsten sind, sondern auch deshalb, weil sie als die ältesten Vertreter des Europäertums in Kanada dastehen. Zugleich können sie insofern als echte Kanadier gelten, als nach Abtretung des Landes an England ein nennenswerter Zuzug aus Frankreich nicht mehr stattgefunden hat. Die Frankokanadier sind also die Nachkommen derjenigen französischen Einwanderer, die spätestens bis 1763 nach dem damaligen Neufrankreich gezogen sind. Im Jahre 1759 zählte man hier 59 000 Franzosen, von denen aber bei Abtretung des Landes an England nicht wenige in ihr Vaterland zurückkehrten, namentlich Beamte und adlige Herren mit ihren Familien. Die zurückgebliebenen, die also nicht viel mehr als 50 000 Köpfe ausmachten, haben sich im Laufe von

rund anderthalb Jahrhunderten zu etwas mehr als zwei
Millionen vermehrt, eine natürliche Zunahme, die in der
Geschichte der Menschheit ohne Beispiel dastehen dürfte.
Das Hauptgebiet der Frankofanadier ist wie von jeher das
Land am Lorenzstrom in der Provinz Quebec, wo sie im
Jahre 1911 1 605 339 Seelen ausmachten. Von dem gesamten Frankofanadiertum sind das also vier Fünftel. In
den übrigen Landesteilen fehlen sie nirgends, aber doch
nur in Ontario, Neubraunschweig und Neuschottland sind
sie mit ansehnlichen Beträgen vertreten, in Prinz Edwards-
Insel wenigstens mit einem nennenswerten Prozentsatz,
nämlich mit fast 15 %. In Neubraunschweig machen sie
22 %, in Neuschottland fast 10 %, in Ontario aber 6 % der
Gesamtbevölkerung aus. Je weiter nach Westen, desto
geringer werden ihre Zahlen und ihre Anteile.

Dieser Umstand hängt damit zusammen, daß, während
ihr Volkstum ein außergewöhnliches Beharrungsvermögen
in Sprache und Art bewährt, es an Ausdehnungskraft
in geographischem Sinne fehlt. Obwohl sie ursprünglich
in der Mehrheit waren und, wenn auch im Anteil wesentlich eingeschränkt, den geschlossensten Teil der kanadischen
Gesamtbevölkerung darstellen, bleibt die französische Sprache
doch auf sie selbst beschränkt; ja sogar diese vermag sich nicht
in ihrem alten Besitzstande zu behaupten. Obwohl sie sich
mit fremden Bevölkerungsbestandteilen nicht vermischen,
ihre eigenen Kirchen, Schulen, Universitäten, Zeitungen usw.
haben, so hat es doch den Anschein, daß das Verbreitungs-
gebiet der französischen Sprache mit der Zeit, abgesehen
von den entlegeneren Gebieten, nach und nach eingeschränkt wird. Dieser Vorgang hat sich bereits in den neu-
besiedelten Prärieprovinzen vollzogen. Während früher
die Voyageurs, die Mestizen und die Indianer neben dem
Indianischen nur Französisch sprachen, so daß die Angestellten der Hudsonbay-Gesellschaft diese Sprache lernen
mußten, reden jetzt die Indianer und Mestizen (Halfbreeds)
meist Englisch, jedenfalls verstehen es alle. Der Mittelpunkt der Anglisierung in der Prärie ist Winnipeg, das
Hauptmittel aber die Eisenbahn, deren Erbauer und Ver-
walter vielfach die ursprünglich französischen Ortsnamen

durch englische ersetzten und dadurch bis auf geringe Reste
verdrängten. Auch im Osten befindet sich das Franko-
kanadiertum auf dem Rückzuge. In Montreal, einer seiner
ältesten Siedelungen, ist es zwar zahlenmäßig noch in der
Vorhand, aber der Kampf um die soziale und industrielle
Vormacht ist längst zu gunsten der Briten entschieden.
Selbst in Quebec sind diese tonangebend, obwohl die Einwohner zu sieben Achteln französischen Ursprungs sind.
Von den übrigen größeren Städten hat nur Ottawa einen
größeren Anteil an ihnen: reichlich ein Drittel, in den
anderen nehmen sie eine ganz bescheidene Stellung ein.
Hinsichtlich der Sprachenfrage ist neuerdings ein Kampf
ausgebrochen, über den die folgende Zeitungsnotiz Aus-
kunft gibt: „Vor dem obersten englischen Reichsberufungs-
gericht, dem Iudicial Committee of the Privy Council,
wird eben ein Prozeß verhandelt, dessen Ausgang schwer-
wiegende Folgen haben, ja die Erhaltung des Bürger-
friedens in Kanada gefährden kann. Die katholische,
französisch sprechende Bevölkerung der überwiegend englisch sprechenden Provinz Ontario verlangt,
daß für ihre öffentlichen Volksschulen, wie in der Provinz
Quebec, der Gebrauch ihrer Sprache gestattet sein
soll. Getrieben von dem Wunsch, diese Bevölkerung zu
verenglischen, haben die Gerichte und das Parlament von
Ontario und dann auch das Bundesparlament dieses Ver-
langen rundweg abgeschlagen, worauf die Berufung
nach London erfolgte. Die französischen Kanadier sind
entschlossen, ihre Nationalität um jeden Preis zu ver-
teidigen, und manche ihrer Führer sprechen offen von der
Möglichkeit einer Absplitterung, ja eines Bürgerkrieges.
Das völlige Versagen der Rekrutierung in Quebec
hängt mit diesem Zwist zusammen. Die Bewohner der
Provinz erklären, sie könnten keine Verpflichtung gegen
eine Rasse anerkennen, die ihre eigene Nationalität zu
unterdrücken suche".

In allen Provinzen, außer in Quebec, haben die
Briten im Sinne der Abkömmlinge aus Großbritannien
und Irland, das zahlenmäßige Übergewicht und den
herrschenden Einfluß. Aber hinsichtlich ihrer Anteile an

der jeweiligen Gesamtbevölkerung bestehen doch erhebliche
Unterschiede, in der Weise, daß die Anteile im allgemeinen
in der Richtung von Osten nach Westen sichtlich abnehmen.
Den stärksten Prozentsatz, 84, haben die Briten in Prinz
Edwards-Insel; etwas weniger in Neuschottland und
Ontario, fast zwei Drittel in Neubraunschweig und Britisch-
Kolumbien, noch weniger bis herab auf etwa die Hälfte
in den Prärieprovinzen.

Den dritten Platz in der Bevölkerung Kanadas nehmen
die Deutschen ein, folgen aber in weitem Abstande hinter
den Frankokanadiern und den Briten. Nach der Zählung
von 1911 waren in Kanada 393 320 Deutsche im Sinne
von Reichsdeutschen vorhanden. Rechnen wir dazu die
Deutschösterreicher und die Schweizer, so würde das Deutschtum in weiterem Sinne etwa rund 450 000 Köpfe darstellen.
Die Deutschen ersterer Art verteilen sich auf die einzelnen
Landesteile in der Weise, daß Ontario deren 192 320,
Saskatschewan 68 628, Neuschottland 38 844, Alberta 36 862,
Manitoba 34 530, das Britische Kolumbien 11 880, Quebec
6145, Neubraunschweig 3144 und Prinz Edwards-Insel
550 enthält. Anders gestalten sich die Dinge, wenn man
den prozentuellen Anteil der Deutschen an der jeweiligen
Gesamtbevölkerung ins Auge faßt. Den höchsten Prozentsatz mit 15 % besitzt dann Saskatschewan; in zweiter Linie
folgt Alberta mit 10 %, während auf Neuschottland,
Ontario und Manitoba je knapp 8 % entfallen. Die Einzelheiten über diese Provinzen werden später erörtert werden.
Hier seien noch einige Bemerkungen über die Geschichte
der deutschen Einwanderung nach Kanada gemacht, ohne
daß dabei Vollständigkeit erstrebt würde. Es geschieht dies
auszugsweise auf Grund eines Aufsatzes, den der Verfasser
in der „Deutschen Erde", Jahrgang 1906, veröffentlicht hat.

So unvollständig unsere Kenntnis über die geschichtliche Entwicklung des Deutschtums in Kanada auch ist,
so steht doch soviel ganz fest, daß seine Wurzeln nicht soweit
zurückgreifen wie in den Vereinigten Staaten, obgleich die
Auswanderung dahin teilweise aus denselben Gründen
erfolgte und mit den politischen Vorgängen der ehemaligen
englischen Kolonien, aus denen die Union hervorging,

ziemlich eng zusammenhängt. Während nämlich hier die
ersten deutschen Auswanderer in etwas größerer Zahl seit
Mitte des 17. Jahrhunderts erschienen und vorzugsweise
aus pfälzischen und niederrheinischen Mennoniten (Wieder-
täufern, Anabaptisten) bestanden, ist es vollkommen sicher,
daß nach den Landesteilen des heutigen Kanada im
17. Jahrhundert Deutsche nicht gekommen sind. Denn
damals gehörte sowohl Akadien, welches die heutigen Provinzen Neubraunschweig und Neuschottland umfaßt, als
auch das eigentliche Kanada im Sinne der gegenwärtigen
Provinzen Quebec und Ontario zu Frankreich, und dieses
ließ, nach den unter der Regierung des Sonnenkönigs
Ludwig XIV. geltenden Grundsätzen seiner Kolonial-
politik, überhaupt keine Ausländer zu, geschweige denn,
daß es Vertretern evangelischer Sekten aus Deutschland
die Tore zu seinen auswärtigen Besitzungen geöffnet hätte.
Bekanntlich wurde ja seit Kardinal Richelieus Zeiten mit
aller Strenge darauf gehalten, daß selbst aus dem Mutterlande nur katholische Auswanderer in Neufrankreich ein-
zogen; französische Protestanten waren von dem Zugang
dahin durchaus ausgeschlossen. Daher schreibt sich auch
der Umstand, daß noch heute die Nachkommen der ehemaligen französischen Kolonisten, die sog. Frankokanadier
oder Habitants, sowie die aus ihnen hervorgegangenen
Mischlinge mit Indianerinnen, die Métis oder Bois Brûlés
(engl. Halfbreeds), sämtlich dem katholischen Bekenntnis
angehören.

Erst im Laufe des 18. Jahrhunderts trat eine Änderung
in diesen Verhältnissen ein, denn in diesem mußte, infolge
unglücklicher Kolonialkriege und der schreienden Mißwirt-
schaft im Mutterlande, Frankreich seine sämtlichen nordamerikanischen Besitzungen, soweit sie zu dem heutigen
Kanadischen Bunde gehören, an England abtreten, zuerst
Akadien im Jahre 1713 durch den Frieden zu Utrecht und
50 Jahre später das eigentliche Kanada, aus Unter- (Quebec)
und Ober-Kanada (Ontario) bestehend. Bis 1763 sind, aus
den oben angegebenen Gründen, nach dem eigentlichen
Kanada keine Deutschen gekommen. Wenn nun auch England sofort eine andere Politik einführte und das katholische

Bekenntnis auf Grund der Testakte (Ausschließung der
Katholiken von den höheren Staatsämtern) bedrückte,
so sind doch auch in den nächsten zwei Jahrzehnten keine
Deutschen nach Kanada gegangen, teils weil die Verhältnisse hier noch sehr unklar waren, teils weil der große Krieg
mit den abtrünnigen Kolonien das ganze Interesse in Anspruch nahm. In diesem war zwar seitens der amerikanischen Feldherren und Staatsmänner der Wunsch der
dort angesiedelten Mennoniten deutschen Ursprungs,
sich vom Kampfe und Blutvergießen fernzuhalten, berücksichtigt worden. Als sich aber im Jahre 1783 die Kolonien
von dem Mutterlande endgültig trennten und einen selbständigen Staat gründeten, glaubten viele der Mennoniten
wie auch zahlreiche unter den ehemaligen englischen Unter-
tanen, ihren dem englischen Könige geschworenen Eid der
Treue nicht brechen zu dürfen und zogen mit anderen
Kolonisten, den sog. Loyalisten, insgesamt etwa 15 000
Personen, in das kanadische Gebiet hinüber und ließen sich
hier nieder. Sie besiedelten vornehmlich die häufiger erwähnte Seenhalbinsel von Ontario, welche nicht nur
der südlichste und klimatisch bevorzugteste Teil von ganz
Kanada ist, sondern auch sehr fruchtbare Landstriche enthält und für den Außenverkehr die denkbar günstigste Lage
hat, namentlich seitdem die Verbindungsgewässer der
Großen Seen und der St. Lorenzstrom teils durch künstliche
Vertiefung, teils durch Anlegung von Umgehungskanälen
für regelmäßige Schiffahrt brauchbar gemacht worden sind.
Der Grundstock der Deutschen dieser Halbinsel sowie des
übrigen Ontario leitet sich also von den Einwanderern ab,
welche seit 1786 mit den Loyalisten die neugeschaffene
Union verließen und einen Teil der von ihnen gegründeten
Ortschaften mit deutschen Namen belegten. Hier treffen
wir also Orte wie Berlin, Neuhamburg, Breslau usw. Wie
groß die Zahl der ältesten deutschen Einwanderer in Ontario
war, darüber läßt sich nichts feststellen. Ihr Anwachsen
zum heutigen Betrag erklärt sich teils durch Eigenver-
mehrung, die ja in Kanada ganz ungewöhnlich stark
zu sein pflegt, wie das berühmte Beispiel der
Frankokanadier zeigt, teils durch Zuwanderung von

Landsleuten aus Europa und aus der benachbarten Union.

Weniger positive Angaben als über Ontario können über Neuschottland und die deutsche Einwanderung dahin gemacht werden. Dieses war, wie erwähnt, als ein Teil Akadiens bereits im Jahre 1713 von Frankreich an England abgetreten worden, aber es ist nicht wahrscheinlich, daß die Deutschen vor 1750 in das Land kamen. Denn erst von dieser Zeit an gingen die Engländer etwas lebhafter daran, dies Gebiet zu besiedeln, und Halifax, einer der ältesten Plätze der Provinz, wurde im Jahre 1749 angelegt. Bei Vivien de St. Martin (Dictionnaire de la Géographie Universelle) findet sich die Bemerkung, daß die im Distrikt Lunenburg befindlichen Deutschen seit sehr langer Zeit in Verbindung mit Familien aus Holland und der französischen Schweiz eingewandert und jetzt mehr oder weniger entnationalisiert seien. Dasselbe gilt, nach dem Urteil von Faucher de Saint Maurice, auch von der Bevölkerung der Stadt Halifax, die ursprünglich aus drei Quartieren: einem irischen, einem deutschen und einem englischen bestand. Im Laufe der Zeit haben sich die scharfen Unterschiede zwischen den drei Nationalitäten verloren, und ihre Vertreter sind allmählich in den allgemeinen neuschottischen Typus übergegangen, den man an der blauen Nase (Blue nose) erkennen will.

Auf sicheren historischen Boden gelangen wir wieder, wenn wir die Entstehung des Deutschtums im westlichen Kanada betrachten. Wir begegnen wieder, abgesehen von den aus der Union Zugewanderten, den Mennoniten, die in mehreren Gebieten den Grundstock des Deutschtums bilden. Zum Verständnis dieser Verhältnisse sei daran erinnert, daß seit dem Jahre 1785 mehrere Tausend Mennoniten aus Preußen nach Rußland gezogen waren und sich in verschiedenen Teilen des Reiches, namentlich in den Gouvernements Jekaterinoslaw und Taurien sowie in Kaukasien, niedergelassen hatten, nachdem ihnen von der Regierung die Zusicherung gegeben war, daß ihre religiösen Eigentümlichkeiten und besonders ihre Abneigung gegen den Kriegsdienst berücksichtigt werden solle und auch

lange Zeit gehalten wurde. Als aber im Jahre 1874 die
allgemeine Wehrpflicht in Rußland eingeführt worden war
und auch auf die Mennoniten ausgedehnt werden sollte,
da wanderten manche Tausende nach Amerika aus. Um
den weiteren Abzug dieser fleißigen, tüchtigen und soliden
Landbauer, deren Ansiedlungen sich von jeher durch große
Blüte auszeichneten, zu verhindern, schloß der aus dem
Krimkrieg bekannte General von Todleben mit den Zurückgebliebenen im Jahre 1877 ein Abkommen auf 25 Jahre,
wonach die Mennoniten in eigenen Staatsforsten ihrer
Militärpflicht genügen sollten. Nach Ablauf dieser Frist
begann wieder eine starke Auswanderung, und die Leute
wandten sich großenteils nach Kanada, namentlich in die
seit Fertigstellung der kanadischen Pazifikbahn neu auf-
geschlossenen Gebiete des Westens. Diese mußten den
Zuzüglern um so mehr behagen, als ihnen nicht nur durch
das kanadische Staatsgrundgesetz die unbehinderte Ausübung ihrer Religion, somit auch die Befreiung vom Mili-
tärdienst, gewährleistet wird, sondern ihnen auch ein Klima
und eine Bodenbeschaffenheit entgegentraten, die vielfach
an die von Rußland her gewohnten Verhältnisse erinnerten.

Viel weiter nach Westen als bis nach Saskatschewan
sind die Mennoniten in größeren Beträgen nicht vorge-
drungen. Daß die Deutschen in Alberta, Britisch-Kolumbien
und Yukon nicht zu ihnen gehören, zeigt schon das in diesen
Gebieten bei ihnen vorherrschende oder ausschließliche
lutherische Bekenntnis. Nur in Alberta besteht die vorzugsweise mennonitische Siedelung Didsbury. Die Deutschen
der genannten Gebiete sind entweder unmittelbar aus
Deutschland oder aus den benachbarten Staaten der Union
eingewandert. Namentlich in den letzten Jahren sind viele
herübergekommen, angelockt durch die Fruchtbarkeit des
Bodens und die Liberalität der Niederlassungsbedingungen;
denn gutes Regierungsland, das zu bestimmten Beträgen
fast umsonst an Einwanderer abgegeben wird, ist noch in
reichlicher Fülle vorhanden.

Halten wir zum Schlusse einen kurzen Ausblick auf die
Zukunft des Deutschtums in Kanada, so gab bis
zum Beginn des Weltkriegs die Frage ihrer weiteren

Postage-Avenue in Winnipeg

Vermehrung keinen Anlaß zu Besorgnissen. Denn bisher
ist eine sichtiche Zunahme von ihnen erfolgt. In den
Jahren 1871 bis 1901 sind sie nämlich von 202 991 auf
310 501, also um 107 510 Köpfe oder im Jahresdurch=
schnitt um 1,8 v. H., gestiegen, ein für Kanada recht
günstiges Verhältnis. Aber trotz einer auch für die Zukunft
zu erwartenden numerischen Zunahme ist nicht anzunehmen,
daß das Deutschtum einen fühlbaren Einfluß auf den Gang
der politischen Entwicklung und der Allgemeinkultur aus=
üben werde. Dazu ist es geographisch zu sehr zersplittert,
historisch und konfessionell von zu verschiedener Herkunft.
Insbesondere den Mennoniten wirft man vor, daß sie sich
von der Außenwelt abschließen und sich gewissermaßen
einkapseln, einen Staat im Staate bildend. Dazu kommt
der Umstand, daß die Deutschen vorzugsweise in ländlichen
Bezirken oder in kleineren Städten leben, in den großen
und tonangebenden Handels= und Verkehrszentren aber,
wie Montreal, Toronto und Winnipeg, zu schwach vertreten
sind. Wie anderwärts, ordnen sie sich dem landesüblichen
Lebenstypus, also hier dem englischen oder vielmehr dem
kanadischen, unter, wenn sie auch unter sich an der Sprache,
den Kegelbahnen, den Gesangvereinen usw. festhalten.
Deutsche Zeitungen gibt es meines Wissens in Kanada die
folgenden:

Name	Erscheinungsort		Erschei- nungsweise	gegr.
Der Nordwesten	Winnipeg	} Man.	wöchentlich	1889
Volkszeitung	Winkler		wöchentlich	1902
Deutsche Zeitung	Berlin		wöchentlich	1891
Journal	Berlin		wöchentlich	1859
Canadisches Volksblatt	Neu=Hamburg	} Ontario	wöchentlich	1854
Der Canadische Colonist	Stratford		wöchentlich	1864
Die Ontario-Glocke	Walkerton		wöchentlich	1869
Canadischer Bauernfreund	Waterloo		wöchentlich	1850
Der Evangeliumsbote	Berlin		monatlich	1887

Verteilung der Deutschen nach Landesteilen 1901 u. 1911

	1901	1911
Ontario	203 319	192 320
Saskatschewan	11 743	68 628
Transport:	215 062	260 948

	1901	1911
Übertrag:	215 062	260 948
Neuschottland	41 020	38 844
Alberta	7 836	36 862
Manitoba	27 265	34 530
Britisch-Kolumbia	5 807	11 880
Quebec	6 923	6 145
Neubraunschweig	3 816	3 144
Prinz Edwards-Insel	709	550
Yukon	2 061	412
Nordwest-Territorien	2	5
zusammen:	310 501	393 320
	= 5. 78 %	5.46 % der Gesamt-bevölkerung.

Bei der Zählung vom Jahre 1871 hatten sich 166 571 Deutsche oder 5.92 % der damaligen Gesamtbevölkerung ergeben.
Davon entfielen in runden Zahlen 8000 auf Unterkanada
und 159 000 auf Oberkanada.

Deutsche in den wichtigeren Städten 1911

Toronto	9775	Montreal	2502	Victoria	619
Winnipeg	8912	Ottawa	2379	Kingston	305
Hamilton	4619	Halifax	1748	St. John	289
Vancouver	2812	Edmonton	1647	Quebec	157
Regina	2758	London	1561	Sydney	153
Calgary	2608	Brandford	1274		

Für die einzelnen Distrikts der Dominion stehen leider
die Zahlen nicht zur Verfügung.

Über die Deutschen und die in gewisser Beziehung zu
ihnen gehörenden Mennoniten äußert sich der Engländer
Frank Yeigh in seinem Buche „Through the heart of
Canada" (London 1913) wie folgt:

„Der Deutsche Bestandteil ist in der Einwanderung
nach Kanada immer ein wichtiger gewesen. Gedeihende
Deutsche Gemeinden finden sich in vielen Teilen der älter-
besiedelten Provinzen, während sich ungefähr hundert
Tausend, einschließlich der Mennoniten, in den westlichen
Provinzen niedergelassen haben. Der Mehrheit nach sind
sie Farmer und zwar ausgezeichnete Farmer. An der

Hauptlinie der Kanadischen Pacifikbahn finden sich viele
deutsche Gemeinden und wenn sie auch nicht so geschlossene
Ansiedelungen bilden wie die der Galizier und die Duchoborzen, so herrschen sie doch in den Gegenden, wo sie sich
niedergelassen haben, vor; dort bezeichnen Deutsche Vereinigungen und Zeitungen ihre ursprüngliche Nationalität,
und in den Zeiten der Wahlen ist die Abstimmung der
Deutschen eine aufregende Sache für die Politiker. Bald
nimmt der Deutsche Ansiedler seinen Anteil an dem politischen Leben seines Wohnortes, bald sieht er darauf, daß
Kirchen und Schulen errichtet werden, bald schließt er sich
den angelsächsischen Verhältnissen an, obgleich auch Beweise
dafür gefunden werden, daß es ihm bisweilen gelang,
seinen englischsprechenden Nachbar zu germanisieren. Wie
der Skandinave ist der Deutsche ein guter Ansiedler und
ein guter Bürger. Die zwanzigtausend Mennoniten unter
ihnen sind zwar von Deutscher Abstammung, kamen aber
nicht aus Deutschland, sondern aus Rußland nach Kanada
vor etwa dreißig Jahren. Als sie in Rußland gezwungen
werden sollten, Kriegsdienste zu tun, zogen sie lieber fort
wie die Duchoborzen als daß sie sich unterwarfen und
suchten eine neue Heimat in Kansas und im südlichen
Manitoba. Als die Mennoniten das „versprochene“ Land
in Kanada ausspähten, hatten sie das Aussehen von Europäischen Bauern, aber der dreißigjährige Aufenthalt unter
neuen, geänderten Verhältnissen brachte eine gründliche
Änderung hervor. Heute ist es schwer, die Kinder der
Mennoniten von denen der englischen Rasse zu unterscheiden. Sie haben zudem ihre Besitzungen am Red River
in ein Gartenland verwandelt und sich ein auskömmliches
Dasein verschafft. Während aber die älteren unter ihnen
noch an ihren ursprünglichen Lebensformen hängen wie
an ihren Glaubenssätzen und an ihrem geselligen Herkommen, benehmen sich die jüngeren zwar nicht nur weniger
streng in ihrem religiösen Verhalten und in ihrer Deutschen
Art, aber sie wohnen doch zusammen in den von ihnen
besiedelten Teilen von Saskatschewan und Alberta, wo
sie Ansiedlungen und Gemeinden für sich errichtet
haben.“

Die eingeborene Bevölkerung Kanadas besteht
aus Eskimos und Indianern. Die Eskimo bewohnen in
ganz geringer Zahl die Ost- und Nordküste von Labrador,
die arktische Küste und die vor diesen gelegenen Inseln.
Auf der Ostküste von Labrador sind sie seit längerer Zeit
von Missionaren der Herrnhuter Brüdergemeinde zum
Christentum bekehrt und in kleinen Ortschaften vereinigt,
von denen hier Hoffenthal, Nain und Okkak genannt sein
mögen. Strenggenommen gehören diese Ansiedelungen
zu der britischen Kolonie Neufundland. Die übrigen Eskimo
leben noch in ihrer herkömmlichen Weise als herumziehende
Jäger und Fischer.

Den ganzen übrigen Raum hatten ursprünglich die
Indianer inne, die in mehrere Abteilungen und zahlreiche
Stämme zerfielen. Auch in der Lebensweise und Kultur
bestanden deutliche Unterschiede. Die nördlichen Stämme,
die wie die Eskimo herumschweifend durch Jagd und Fischen
ihr Dasein fristeten, standen in ihrer Allgemeinkultur tiefer
als diese. Die Bewohner der Küste des Stillen Ozeans
waren fest angesiedelt und lebten hauptsächlich von Fischerei.
Die Prärieindianer waren vorzugsweise Büffeljäger. Die
südöstlichen Stämme, wie die berühmten Irokesen und
Huronen, treiben neben Jagd und Fischerei auch etwas
Bodenanbau. Als die Einwanderung lebhafter wurde,
namentlich seit der zweiten Hälfte des vorigen Jahrhunderts,
wurden die Indianer aus manchen Teilen verdrängt,
nirgends aber in so gründlicher Weise wie aus den Gebieten
der Union. Tatsächlich gibt es keine Provinz Kanadas, die
nicht eine gewisse Zahl von ihnen aufzuweisen hätte; in
den nicht organisierten Territorien sind sie in der Mehrheit;
auf weite Strecken bilden sie hier überhaupt die einzigen
Vertreter der Menschheit. Sehr wichtig ist die Frage, ob
die Eingeborenen, im besonderen die Indianer, sich ver-
mehren oder vermindern. Nach den Ergebnissen der
kanadischen Volkszählungen ist das letztere der Fall.
Während nämlich der Zensusbericht für 1871 127 916 Eingeborene verzeichnete und der für 1901 deren 127 941
feststellte, waren nach dem Zensus vor 1911 nur noch
105 492 vorhanden. In dem Jahrzehnte 1901—1911 wäre

demnach eine sehr erhebliche Verminderung eingetreten.
Es könnte aber wohl der Fall sein, daß bei endgiltiger Ab-
fassung des Zensusberichtes 1911 noch nicht aus allen
Landesteilen die Nachrichten eingelaufen waren, was auch
bei dem Zensusbericht 1901 vorgekommen war.

Weiter tritt uns die Frage entgegen, ob und wieweit
sich Leben und Kultur der Eingeborenen neuerdings
geändert haben. Darauf ist zu antworten, daß durch
die Berührung mit den Eingewanderten überall Änderungen
eingetreten sind, aber doch in sehr verschiedener Weise.
Am geringsten sind diese Beeinflussungen in den nicht
organisierten und abgelegenen Landesteilen, am stärksten
in den dichteren europäischen Besiedelungen. Hier sind die
Indianer als solche entweder aus dem Volksbilde ver=
schwunden oder in Reservationen untergebracht und beschäftigen sich nicht nur mit ihren althergebrachten Erwerbs=
zweigen wie Jagd, Fischfang, Aufsuchen von brauchbaren
Pflanzen, sondern auch mit Bodenanbau, Viehhaltung,
Lohnarbeit und mancherlei gewerblichen Verrichtungen.
Die Kinder werden in besonderen Schulen unterrichtet.
Wenn der Schulbesuch an Regelmäßigkeit zu wünschen
übrig läßt, so werden dagegen die Fortschritte als befriedigend
bezeichnet. In angemessener Weise bezieht sich der Unter=
richt auch auf gewerbliche Fächer. In den östlichen Pro=
vinzen wie teilweise auch in den anderen sind die Indianer
dem christlichen Bekenntnis zugewendet; in den entlegenen
Gebieten sind Missionare tätig. Die Gesundheitsverhältnisse,
auch bei den Christen, lassen zu wünschen übrig. Nicht
selten treten epidemische Krankheiten auf, früher nament=
lich die Pocken, die neuerdings durch Impfen und andere
Maßregeln wesentlich eingeschränkt worden sind. Infolge
der Unsauberkeit und Unachtsamkeit der Mütter fordern
die Masern unter den Kindern mitunter viele Opfer. Unter
den Erwachsenen kommt Tuberkulose häufig vor. Da wo
die Indianer unter die andere Bevölkerung gemischt sind,
unterscheidet sich ihre Lebensweise kaum von der der sonstigen
ärmeren Volksklassen. Nicht wenige von ihnen sind in
Fabriken tätig oder als Hafenarbeiter beschäftigt, andere
verdingen sich als Holzfäller oder in die Steinbrüche. Mit

dem Verkaufe gewerblicher Erzeugnisse befassen sich die
Bewohner einzelner Dörfer. In der Nähe von Montreal
z. B. ist ein Dorf vorhanden, dessen Insassen Mokassins,
Schneeschuhe und zahlreiche kleine Sachen herstellen. Die
Männer sind meist Flußlotsen. Die Huronen bei Quebec
sind namentlich als Führer für Jagd und Fischereiausflüge
gesucht und geschätzt. Die Eingeborenen an der Pazifischen Küste zeichnen sich durch eigenartige Kunstfertig-
keit aus.

Im Vorstehenden sind die Hauptbestandteile der kanadischen Bevölkerung nach Herkunft etwas näher besprochen
worden. Diese Betrachtung auf die übrigen Bestandteile
auszudehnen, würde zu weit führen, weil es ihrer zu viele
sind. Aber noch bunter stellen sich die religiösen Verhältnisse dar. Tatsächlich gibt es kein Land der Erde von
gleicher oder ähnlicher Seelenzahl, in der eine solche reli-
giöse Zersplitterung herrschte, wo es so viele und so kleine
Sekten gäbe. Weit über hundert sind deren vorhanden
und es scheint, daß immer neue entstehen. Im Folgenden
sollen nur diejenigen religiösen Bekenntnisse aufgezählt
werden, deren Anhängerschaft mehr als 200 000 Köpfe
beträgt nach der Zählung von 1911.

		%
Römischkatholische	2 833 041	39,31
Presbyterianer	1 115 324	15,48
Methodisten	1 079 892	14,98
Anglikaner	1 043 017	14,47
Baptisten	382 666	5,31
Lutheraner	229 864	3,19

Im Gegensatz zu den benachbarten Vereinigten Staaten
wo das Städtewesen stark in den Vordergrund tritt, lebt
die große Masse der kanadischen Bevölkerung in kleinen
Ortschaften. Es gibt überhaupt nur vier Städte über
100 000: Montreal, Toronto, Winnipeg und Vancouver.
Diese vier enthalten zusammen etwas mehr als eine
Million Einwohner oder 15,3 % der Gesamtbevölkerung.
Neun Orte bewegen sich zwischen rund 84 000 und 30 000
Einwohner; es sind Ottwa, Quebec, Hamilton, Halifax,
London, Calgary, St. John, Victoria und Regina; zu-

sammen rund eine halbe Million oder 6,6 % der Gesamtbevölkerung. 76 Orte haben zwischen 25 000 und 5000
Einwohner, insgesamt fast 800 000 Einwohner oder 13 %
der Gesamtbevölkerung. Die genannten drei Städtegruppen umfassen zusammen rund 2,4 Million Einwohner
oder knapp ein Drittel der Gesamtseelenzahl; volle zwei
Drittel derselben wohnen demnach in Siebelungen unter
5000 Köpfen.

Vom Standpunkte der Verwaltung unterscheidet man
Villages, Towns und Cities. Villages oder Dörfer reichen
bis 2000 Einwohner, Towns oder Kleinstädte bis 15 000
und Cities beginnen von 15 001 Einwohner an. Als Townships bezeichnet man ländliche Bezirke von 8—10 englische
Quadratmeilen oder 440—550 qkm. Villages und Townships werden von einem Vogt (Reeve) und Räten (Councillors)
die Towns von einem Mayor (Bürgermeister) und Councillors, die Cities von einem Mayor und Aldermen (Stadtältesten) verwaltet. Diese Einrichtungen entsprechen durchaus den altenglischen Anschauungen.

Die ältere Besiedelungsform war eine andere als
die gegenwärtige. Früher ließ man sich an den Stellen
nieder, welche die Möglichkeiten des Daseins zu gewähren
schienen, also an den Küsten, an den Ufern der Flüsse und
Seen, in guten Ackerbaugegenden usw. Die neue Art
der Besiedelung bestimmt der Verkehr, namentlich die
Eisenbahn. Allen Linien entlang oder in ihrer Nähe liegen
kleine oder größere Ortschaften oder Einzelgebäude und
Häusergruppen, die mit oder nach dem Bau der einzelnen
Bahnstrecken entstanden sind. An manchen Stellen hat
man sich etwas weiter von den Schienengeleisen vorgewagt,
namentlich da, wo ergiebige Goldfelder oder ausgedehnte
ausnutzbare Waldungen in der Nähe von Wasserläufen
vorkommen. Im allgemeinen aber beginnt an den Endpunkten der Eisenbahn, häufig auch unmittelbar von ihren
Schienen die unverfälschte Wildnis. Die schmalen Streifen
von Ortschaften, die sich längs den Bahnen vom Ottawaflusse nach Westen durch das ungeheure Land ziehen, sind
das Werk von kaum 30 Jahren. Diese Siedelungen verleugnen ihre Jugend zwar nicht, sind aber im allgemeinen

sorgfältiger und netter angelegt als die gleichen Gebilde
in der Union. Die Endpunkte des Eisenbahnnetzes und der
Besiedelung nach Norden hin waren bis vor kurzem Prinz
Albert und Edmonton, letzteres unter 53° 30'; neuerdings
aber sind ganz junge Anlagen hinzugekommen, darunter
Prince Rupert, an der Stelle wo die neue Überlandbahn
der Grand Trunk die pazifische Küste erreicht.

In ethnographischer und religiösen Beziehungen haben
die Ortschaften Kanadas die gleiche Mischung aufzuweisen, welche für das Land und seine Provinzen charakteristisch ist. Doch fehlt es nicht an Ausnahmen. Im Osten
tritt eine gewisse Einheitlichkeit hervor. Quebec ist eine
überwiegend französische und katholische Stadt. Ähnliches,
aber in etwas abgeschwächtem Maße, gilt von Montreal;
Toronto ist eine vorzugweise britische Stadt, ebenso Winnipeg. Aber gerade in den Präriegegenden finden sich kleinere
Siedelungen mit ganz einheitlichem Charakter, weil sie
von bestimmten Sekten angelegt sind.

3. Verfassung und Verwaltung.

In seinem heutigen Umfange und in seiner gegenwärtigen Einteilung besteht zwar Kanada erst seit kürzerer
Zeit, aber der Name: Dominion of Canada und die Ver-
fassung stammen bereits aus dem Jahre 1867. Nach der
damals beschlossenen und in Geltung gesetzten Britisch
Nordamerika Act ist die Dominion eine Bundesvereinigung
unter dem Könige von England und zerfällt in eine Anzahl
Provinzen und Territorien. Der Bund hat seine Regierung
mit dem Sitze in der Stadt Ottawa an dem gleichnamigen
Flusse, und dieser Zentralregierung ist die Aufgabe zugewiesen für die allgemeine Entwicklung, das Fortbestehen
und die Einheit des ganzen Bundes Sorge zu tragen. Im
ganzen wie im einzelnen gilt der Grundsatz der Selbst-
verwaltung.

An der Spitze der Zentralregierung steht der britische
König: Georg V., dem zugleich der Oberbefehl über alle
kanadischen Streitkräfte zu Wasser und zu Lande zugebilligt ist. Vertreten wird er durch einen in Ottawa resi-

dierenden Generalgouverneur (Governor General), zurzeit Herzog von Connaught und Strathearn; ernannt wird
er von dem britischen Könige, aber von dem Bunde bezahlt;
sein Jahresgehalt beträgt 48 667 Dollar = 204 400 Mk.
Die eigentliche Regierung wird von dem Parlamente und
dem Ministerrate ausgeübt.

Das Parlament besteht aus dem Oberhaus und dem
Unterhause. Das Oberhaus oder der Senat zählt gegenwärtig 87 vom Generalgouverneur auf Lebenszeit berufene
Mitglieder; sie dürfen nicht unter 30 Jahre alt sein und
müssen ein bestimmtes Vermögen besitzen. Kein Senator
darf dem Unterhause angehören. Die Mitglieder des Unter-
hauses (House of Commons) werden durch die Wähler
der einzelnen Bezirke gewählt, in die die Provinzen eingeteilt sind. Die Anzahl der Wahlbezirke richtet sich nach
der jeweiligen Bevölkerungsmenge, jedoch in der Weise,
daß Quebec stets 65 Bezirke hat und demnach 65 Abgeordnete in das Unterhaus sendet. Jeder andere Landesteil
darf so viel Abgeordnete wählen als er Bevölkerungsein-
heiten nach Maßgabe der Provinz Quebec hat. Da nach
der Zählung von 1911 diese Einheit 30 819 Köpfe beträgt,
so besteht seit 1911 bis zur nächsten Zählung das Unterhaus
aus 233 Mitgliedern. Die Dauer eines Parlaments, das
von dem Generalgouverneur im Namen des Königs ein-
berufen wird, beträgt fünf Jahre, wenn es nicht vorher
durch den Generalgouverneur aufgelöst wird. In jedem
Jahre muß mindestens eine Sitzung stattfinden. Alle Ge-
setzentwürfe, die irgend eine Verwendung öffentlicher
Gelder betreffen oder irgendwelche Steuern oder Abgaben
auferlegen, sollen vom Unterhause ausgehen. Alle Gesetze,
die in beiden Häusern des Parlaments beschlossen worden
sind, werden dem Generalgouverneur vorgelegt; dieser
stimmt entweder im Namen des Königs zu oder er ver-
weigert die Zustimmung oder setzt sie bis zur Genehmigung
durch die königliche Regierung in London aus. Das Reichs-
parlament hat das Recht, von sich aus Gesetze für Kanada
zu erlassen, Gesetze der Dominialregierung für ungültig zu
erklären, die Dominialverfassung aufzuheben oder zu ver-
ändern. Aber von diesen Befugnissen hat sie bisher keine

Anwendung gemacht. Im wohlverstandenem Interesse des britischen Kolonialreiches wird sich die Londoner Regierung vor scharfen Eingriffen in die Dominialverwaltung hüten.

Der Ministerrat, kings privy council for Canada, der dem Parlament verantwortlich und von einem Premierminister geleitet wird, besteht zurzeit aus fünfzehn Mitgliedern, die auf Vorschlag und Rat des Premiers von dem Generalgouverneur ernannt werden. Von diesem wird auch der Premier aus den Führern der herrschenden Partei gewählt. Gewöhnlich wird, wenn das am Ruder befindliche Ministerium die Zustimmung des Parlaments verloren hat, der Führer der Opposition aufgefordet, ein neues Ministerium zu bilden. Von den Ministern sind drei ohne besonderes Fach (Portefeuille), die Fachministerien betreffen Handel, Inneres, öffentliche Arbeiten, Finanzen, Marine, Fischerei und Flottenwesen, Justiz, Landesverteidigung, Arbeitswesen, innere Staatseinkünfte und Bergwerke, Zollwesen und Landwirtschaft. Ministerpräsident und Vorsitzender des Staatsrates ist seit 1911 Herr Robert L. Borden. Früher war es Sir Wilfred Laurier, der jetzige Führer der Opposition. Diese Stellung ist anerkanntermaßen gesetzlich und ihr jeweiliger Inhaber erhält das Gehalt eines Kabinettsministers.

Die Regierung der Provinzen ist derjenigen des Bundes nachgebildet. An der Spitze jeder Provinz steht ein Statthalter (Leutenant Governor), der, vom Generalgouverneur nach Anhörung des Ministerrates ernannt, mindestens fünf Jahre amtiert und der Vertreter der britischen Krone ist. Die eigentliche Regierung besteht aus einem Ministerrat und einem Provinzialparlamente und zwar nur einer Kammer mit Ausnahme der Provinzen Quebec und Neuschottland, wo zwei Kammern vorhanden sind. Das Parlament (die gesetzgebende Versammlung) wird vom Volke gewählt. In dem Territorium Yukon wird die Regierung von einem Kommissar mit einem gewählten Rate aus zehn Mitgliedern ausgeübt. Die nichtorganisierten Nordwestterritorien stehen unter Aufsicht der königlichen berittenen Polizei, deren Befehlshaber ein Regierungskommissar ist. In den Parlamenten des Bundes und der Provinzen sind zwei Sprachen: die englische und die französische zulässig. Die Berichte und Protokolle dieser Häuser, ebensowie die Gesetze beider Parlamente müssen in beiden Sprachen abgefaßt und veröffentlicht werden. Die Verhandlungen der Bundesgerichtshöfe und die der Gerichte der Provinz Quebec sind in der einen oder der anderen dieser Sprache zu führen.

Hinsichtlich der Unterscheidung der staatsrechtlichen Machtbefugnisse zwischen dem Bund und den Provinzen ist in dem Grundgesetz festgestellt, daß der Bund zuständig ist, Gesetze für die Aufrechterhaltung der öffentlichen Sicherheit und Ordnung und für eine tüchtige Regierung Kanadas zu erlassen mit Beziehung auf alle Angelegenheiten, die nicht speziell den Provinzialregierungen zugewiesen sind. Im einzelnen beziehen sich die Befugnisse des Bundes auf Regelung von Handel und Verkehr, Postdienst, Schiffahrt und Schiffswesen, Papiergeld und Münzwesen, Bankwesen, Maß und Gewicht, Bankerott- und Konkursverfahren, Patent- und Urheberwesen, Ehe- und Ehescheidungsverfahren, kriminelles Gerichtswesen mit Ausnahme der Errichtung von Strafgerichten. Streitigkeiten zwischen Bund und Provinzen über Machtbefugnisse pflegen durch Entscheidungen der vorhandenen höheren Gerichtshöfe beigelegt zu werden.

Die Haupteinnahmequellen des Bundes bilden die Zölle, die Akzise, das Einkommen aus öffentlichen Unternehmungen, die Post und staatlicher Grund und Boden. Akzise wird vornehmlich von Spirituosen, Malzgetränken sowie von Tabak in rohem und verarbeitetem Zustande erhoben. Unter den öffentlichen Unternehmungen sind Eisenbahnen, Kanäle und Telegraphen zu verstehen.

Das Hauptvermögen des kanadischen Bundes bildet sein Landbesitz, und zu den wichtigsten Aufgaben der Regierung gehört es, die Ausbeute des Bodens, des Waldes und der Bergwerke zu fördern. Aber dafür liegen gemäß der geschichtlichen Entwicklung die Verhältnisse nicht in allen Provinzen gleich. In den älteren Provinzen Quebec, Ontario, Neuschottland und Neubraunschweig blieben bei

Aufrichtung des Bundes im Jahre 1867 alle Ländereien,
alle Bergwerke, Mineralien und königlichen Vorrechte im
Besitz dieser Provinzen. Mit gewissen Ausnahmen wurde
diese Stellung auch dem Britischen Kolumbien eingeräumt.
In den drei Prärieprovinzen Manitoba, Saskatschewan
und Alberta wurde aller Grund und Boden, soweit er nicht
schon in Privatbesitz übergegangen war, als Bundeseigentum erklärt. Dazu gehört in Britisch-Kolumbien alles
Land innerhalb 20 englischen Meilen = 32 km auf beiden
Seiten der kanadisch-pazifischen Bahn in einer Gesamtfläche von 17 150 englischen Quadratmeilen nebst dem
Gebiet am Friedensfluß.

Staatsland als Bundeseigentum wird nicht verkauft, sondern an Ansiedler gegen eine Einschreibegebühr
von 10 Dollar und gegen einige sonstige Bedingungen ohne
Bezahlung abgegeben. Nur in dem Falle findet Verkauf
statt, wo ein Ansiedler, der schon ein Stück Freiland erhalten hat, noch etwas dazu zu erwerben wünscht. Dagegen
sind Pachtungen statthaft. So wird von der Regierung in
gewissen Teilen der Provinzen Saskatschewan und Alberta
Wiesenland pachtweise abgegeben. Diese Pachtungen,
2 Cents = 8 Pf. für Ar und Jahr, betragen im Höchstfalle
21 Jahre und 100 000 Acres = 400 qkm. Ferner wenn
ein Ansiedler kein passendes Holz auf seinem Lande hat,
kann ihm (gegen Entschädigung) erlaubt werden, so viel,
wie er braucht, zum Bauen, Einzäunen und Brennen bis
zu einem gewissen Betrage aus den Staatswaldungen zu
entnehmen. Auch Bergwerksrechte werden verpachtet.
Die Provinzen, welche noch Landbesitz haben, verkaufen
diesen zu bestimmten Preisen; diese sind ziemlich niedrig
gesetzt, und die Zahlungsbedingungen leicht gemacht.

4. Einwanderung und Ansiedelung.

Bereits an einer früheren Stelle wurde darauf hinge-
wiesen, daß die Zunahme der Bevölkerung Kanadas erst
neuerdings lebhafter geworden ist und ihren Grund in der
rasch wachsenden Einwanderung hat.. Während in dem
Fiskaljahre 1900/1 49 149 Personen als Einwanderer in

das Land kamen, waren es 1912/13 402 432 Köpfe. Damit hat sich Kanada zum zweitwichtigsten Einwanderungslande der Erde emporgeschwungen und hat Staaten wie Brasilien und Argentinien, von denen es früher stbertroffen wurde, weit hinter sich gelassen. Jetzt ist ihm nur noch die Union überlegen. In dem Zeitraume 1900/1 bis 1912/13 sind insgesamt 2 521 144 Personen aus den verschiedensten Ländern Europas und einigen außereuropäischen Gebieten nach der Dominion eingewandert, wobei das Jahr 1906/7 nicht ganz mit berechnet ist. Soweit die einzelnen Posten der genannten Zahl den Betrag von 10 000 übersteigen, sind sie in der nachfolgenden Liste nach Ländern oder Völkern nebst den prozentualen Anteilen zusammengestellt.

		%			%
insgesamt	2 521 144		Chinesen	25 016	1,0
Großbritannien			Polen	24 396	0,9
und Irland	973 730	38,6	Schweden	24 220	0,9
Verein. Staaten	891 129	35,3	Franzosen	21 085	0,8
Österr.-Ungarn	164 527	6,5	Finnen	17 535	0,7
Italiener	88 008	3,5	Norweger	17 322	0,7
Russen ohne nä-			Neufundländer	17 130	0,7
here Angabe	67 378	2,6	Japaner	14 617	0,6
Hebräer	61 384	2,4	Bulgaren	12 395	0,5
Deutsche	30 762	1,2	Belgier	12 010	0,5

Von jeher hat die Einwanderung aus dem Vereinigten Königreich und aus der Union in erster Linie gestanden und im Durchschnitt fast drei Viertel des gesamten Zuzuges ausgemacht.

Interessant ist es nun festzustellen, in welche Teile Kanadas sich die Einwanderung mit Vorliebe ergießt.

	1900/1—1912/13	%		1900/1—1912/13	%
Gesamtein-			Manitoba	396 913	15,7
wanderung	2 521 144		Saskatchewan-		
Provinzen der			Alberta	702 185	27,9
Ostküste	109 280	4,3	Britisch-Kolum-		
Quebec	374 257	14,9	bien	298 374	11,8
Ontario	626 924	24,9	Nicht bestimmt	13 211	0,5

Wie bereits früher bemerkt wurde, ist der Bund der Hauptbesitzer des noch nicht besiedelten Landes; nächst ihm sind es bestimmte Provinzen und die großen Eisenbahngesellschaft. Für die Fortsetzung der Besiedelung hat man ein bestimmtes System ausgebildet, welches im folgen-

den übersichtlich dargestellt werden soll, soweit es sich um
Bundesbesitz handelt.

Zunächst wird das noch freie Land ausgemessen (sur-
veyed), kartiert und eingeteilt. Die Einheit bildet das
Township, ein geradliniges Quadrat von 6 miles = 9,6 km
Seitenlänge und 36 englischen Quadratmeilen oder 9216 ha
Bodenfläche. Durch rechtwinklig sich schneidende Linien
wird jedes Township in 36 quadratische Abteilungen
(Sections) von 640 Acres = 256 ha Bodenfläche geteilt,
jede Abteilung (Section) ebenfalls durch gerade Linien in
vier quadratische Unterabteilungen (quarter sections) von
160 Acres = 64 ha Bodenfläche zerlegt. Da wo das Land
noch nicht besiedelt, aber von Eisenbahnen durchzogen ist,
hat jedes Township vier Besitzer zu ungleichen Anteilen:
die Bundesregierung, die in der Nähe befindliche Eisenbahngesellschaft, die Schule und die Hudsonbaygesellschaft. Die
Regierung des Bundes besitzt in der Regel 16 Abteilungen
mit geraden Zahlen, ebensoviele mit ungeraden Zahlen
die Eisenbahngesellschaft. Der Schule gehören stets die
Abteilungen 11 und 29, der Hudsonbaygesellschaft die Abteilungen 8 und 26. Soweit die Abteilungen nicht der
Regierung zur Verfügung stehen, können sie von den jeweiligen Besitzern verkauft oder verpachtet werden.

Das Land der Bundesregierung wird, soweit es nicht
Wald trägt oder nutzbare Mineralien enthält, unentgeltlich unter gewissen Bedingungen abgegeben und kann
von einem Familienvater oder jeder männlichen Person
über 18 Jahre alt im Umfang einer Unterabteilung
(Quarter section) von 160 acres = 64 ha als Heimstätte
(homestead) besiedelt werden. Wer eine solche Heimstätte
zu erhalten wünscht, hat gegen Erlegung einer Einschreibegebühr von 10 Dollar die Eintragung (entry) vollziehen
zu lassen, entweder im Ministerium des Innern zu Ottawa
oder in einem davon abhängigen Landamt (Landoffice)
in den Provinzen und Territorien. Wenn der Ansiedler
in drei aufeinanderfolgenden Jahren wenigstens ein halbes
Jahr auf dem ihm zugewiesenen Boden wohnt und einen
Teil davon bebaut, so wird die betreffende Unterabteilung
als sein Eigentum vom Staate anerkannt. Zugleich muß

er Bürger von Kanada werden. Ist der Ansiedler der Sohn
eines benachbarten Farmers, so braucht er sein Land nur
zu bebauen, nicht aber zu bewohnen. Dieselbe Bestimmung
gilt, wenn ein bereits angesiedelter Farmer eine seinem
bisherigen Wohnorte nahe gelegene Unterabteilung zu-
gesprochen erhält.

Unter den vorbenannten Bedingungen sind in dem
Zeitraume von 1. Januar 1900 bis 31. März 1912 376 760
Heimstätten vergeben worden, die eine Kopfzahl von
941 900 Personen enthielten. Rekordjahr war 1910/11 mit
44 479 Heimstätten. 1911/12 ergab deren 39 151, von
denen 9521 an Kanadier, 7256 an Briten, 10 577 an
Amerikaner, der Rest an andere Leute gegeben wurde;
unter letzteren treten namentlich die Vertreter Österreich-
Ungarns, Rußlands und Norwegens hervor. In dem
Kalenderjahre 1912 wurden 35 538 Heimstätten verliehen,
davon 31 33 in Manitoba, 18 425 in Saskatschewan, 13 668
in Alberta und 312 im Britischen Kolumbien. Insgesamt
sind bisher 124 399 608 Acres = rund 497 600 qkm oder
ein Raum fast von der Größe des Deutschen Reiches von
der Bundesregierung zu Heimstätten angewiesen worden.
Daraus sind 5400 Townships entstanden. Soweit das
Land vermessen ist (1. Januar 1913), stehen noch
30 000 000 Acres = 120 000 qkm Bundesland zur Verfügung. Daraus können 1308 Townships gemacht werden.

Wie oben gezeigt wurde, kommen die Einwanderer
nach Kanada nicht nur aus Europa, sondern auch
aus einigen Ländern Asiens. Letztere sind im allgemeinen
aus verschiedenen Gründen nicht erwünscht. Daher hat
man neuerdings angefangen den Zustrom aus Asien zu
hemmen. Für Britisch-Kolumbien, wo die Asiaten ausschließlich an Land gehen, hat man sogar Einwanderer aus
Indien zurückgewiesen, obgleich diese auf Grund ihres
britischen Untertanenrechts den ungehinderten Zugang
glauben beanspruchen zu dürfen.

5. Die Wirtschaft im Überblick.

Wie in allen Neuländern, besteht auch in Kanada für
die Bevölkerung die wichtigste Aufgabe darin, ihr eigenes

Dasein sicher zu stellen dadurch, daß sie die natürlichen
Vorteile ihres Wohnungraums und Bodenbesitzes zur Entwicklung und zur Geltung bringt. Trotz seiner überwiegend
nördlichen Lage und trotz seines im Durchschnitt kalten
Klimas hat Kanada viele natürliche Vorzüge; in manchen
Beziehungen ist es sogar reich ausgestattet, wenn auch
kärglicher bedacht als sein von der Natur allerdings ungewöhnlich bevorzugter Nachbar im Süden. In Kanada
fehlt nämlich keine von den Voraussetzungen, unter denen
sich das menschliche Leben in erfreulicher und befriedigender
Weise zu gestalten vermag.

Die Küstenmeere, die Binnenseen und Flüsse wimmeln
von Fischen und anderen nutzbaren Wassertieren.
Seit Urzeiten hat die Fischerei zur materiellen Wohlfahrt
der Einwohnerschaft einen wichtigen Beitrag geliefert und
wird es auch weiterhin tun. In der Zukunft werden
ihre Erträge noch viel ansehnlicher sein können als in Gegen-
wart und Vergangenheit, denn man wird dann mit ver-
besserten Gerätschaften und einer verstärkten Arbeiterschaar
der Fang-Tätigkeit obliegen und die Rohstoffe besser und viel-
seitiger zu verwerten verstehen. Aller Voraussicht nach
werden die Vorräte an Fischen noch auf lange Zeit unerschöpf-
lich sein, wenn der Fang in vernünftiger Weise betrieben
wird. Einer ganz besonderen Entfaltung ist die künstliche
Fischzucht, wovon bisher kaum Anfänge vorhanden sind,
fähig; wenigstens stehen dafür Gewässer von außerordentlicher Ausdehnung zur Verfügung.

Ebenso alt wie die Fischerei und mindestens
ebenso wichtig ist die Jagd. Sie bildete die Grundlage des Daseins für die meisten Binnenstämme
der Eingeborenen auf der ungeheuren Fläche vom atlantischen bis zum pazifischen Ozean. Auch die älteren Vertreter der europäischen Einwanderung gewannen durch
Jagd Nahrung, Kleidung und Ausfuhrwerte. Gerade für
diese Zwecke bietet Kanada eine große Anzahl geeignete.
Tiere und diese wiederum meist auch in enormen Mengen.
Aber die wirtschaftliche Bedeutung der Jagd muß mit der
fortschreitenden Besiedelung des Landes abnehmen; das
ist der unabänderliche Gang der Dinge. In den Gegenden,

Dreschen auf dem Felde mit Maschinen in Manitoba

welche zu regelmäßigem Pflanzenanbau benutzt werden,
verschwindet eben der natürliche Wildstand bis auf geringe
Überbleibsel, denn die Landleute (Farmer) können es sich
nicht gefallen lassen, daß ihre Felder von wilden Tieren
geschädigt oder gar zerstört werden. Daher werden diese
ausgerottet, und in Amerika ist dies außerordentlich viel
rascher geschehen als in Europa, weil es in Amerika keine
Fürsten und Adeligen gegeben hat noch gibt, die den Wildstand zu erhalten wünschen und Verfehlungen gegen die
Jagdgesetze mit strengen, ja grausamen Strafen belegen.
So sind innerhalb weniger Jahrzehnte die Büffel ver-
schwunden, die vordem in vielen Millionen auf den Prärien
und ihren Nachbargebieten grasten. Anderseits wird der
Wildstand Kanadas keine so gründliche Zerstörung und in
einzelnen Fällen Ausrottung erfahren wie in den Vereinigten Staaten und in den meisten Teilen Europas, weil
Flächen von riesiger Ausdehnung für die nächste und
spätere Zukunft von dauerder Ansiedelung und regelmäßiger
Benutzung ausgeschlossen bleiben werden. Gerade so wie
die Eingeborenen werden auch die heimischen Wild- und
Jagdtiere in absehbarer Zeit eine wesentliche Beeinträchtigung
nicht erfahren. Die Jagd wird demnach nicht nur ein Vergnügen, sondern auch ein Teil der Wirtschaft sein; allerdings
wird ihr Anteil an dem Gesamtergebnis der Wirtschaft
nach und nach viel kleiner werden als er jetzt schon ist.

Jungen Datums sind die anderen Hauptzweige der
Roherzeugung, in erster Linie die Mineralausbeute.
Wenn auch den Eingeborenen die Metalle, namentlich
das Kupfer nicht ganz unbekannt waren, so hatten sie doch
von den übrigen mineralischen Vorräten des Landes weder
eine Ahnung noch Verwendung dafür. Auch die europäischen
Ansiedler haben sich lange Zeit nicht darum gekümmert.
Die Anregung zur Aufsuchung und zur Ausbeute von
Kohlen, Erzen und Metallen kam aus der benachbarten
Union und ist daher nicht viel älter als ein halbes Jahr-
hundert. Jetzt kennt man zwar noch nicht alle derartige
Schätze des Landes, aber man kann doch so viel sagen, daß
sich solche in allen seinen Hauptteilen finden und manche
in ansehnlichen Mengen. Bevorzugt sind der Osten und

der Westen, aber auch in der Mitte und im Norden fehlt
es nicht ganz daran. Ähnlich wie in den Vereinigten Staaten
liegen Kohlen, Bausteine, Eisenerz u. a. mehr im Osten,
Edelmetalle vorzugsweise im Westen. Kohle ist freilich
nicht in ausreichender Menge vorhanden und das ist be-
dauerlich; denn gerade Eisenbahnen und Dampfer wie
auch Industrie sind ja darauf angewiesen. Die Einfuhr
aus den Vereinigten Staaten und damit die wirtschaftliche
Abhängigkeit von diesem Lande muß also in Zukunft noch
größer werden als sie es schon jetzt ist.

Verhältnismäßig jungen Ursprungs ist ferner die Waldausbeute, wenigstens zum Zwecke der Ausfuhr. Während
die Eingeborenen, mit Ausnahme der Bewohner der
pazifischen Küste, mit den ungeheuren Holzvorräten des
Landes nicht viel anzufangen wußten, brauchten sie die
ersten Einwanderer zu mancherlei Zwecken, namentlich
zum Errichten und Heizen ihrer Häuser. Auch heute bestehen die Bauten in den kleinen Ortschaften wohl ganz, in
den größeren zum überwiegenden Teile oder häufig aus
Holz, wenn auch die Verwendung desselben nicht so vielseitig ist wie in den Vereinigten Staaten. Neuerdings hat
zwar die Ausbeute der Wälder im Osten wie im Westen
lebhaft um sich gegriffen, aber man hat sie weder so radikal
wie dort vorgenommen, noch konnten die Bestände so
rasch wie dort aufgebracht werden, weil der größte Teil
davon abseits von der Besiedelung und vom Verkehr liegt.
Eine regelrechte Forstwirtschaft in europäischem Sinne
ist zwar nicht vorhanden, aber sicherlich ist nicht zu fürchten,
daß die vorhandenen Waldungen verschwinden werden.
Aller Voraussicht nach wird Kanada ein großes Wald- und
Holzland bleiben.

Etwas Bodenanbau hatten zwar schon einige In-
dianerstämme des Seengebietes wie die Huronen und die
Irokesen betrieben, aber in größerem Umfange ist diese
Tätigkeit doch erst in der späteren Kolonialzeit ausgeübt
worden. In der neuesten Zeit hat er derart zugenom-
men, daß er nach räumlichem Umfang, nach Wert der
Erzeugnisse und nach Anzahl der Beschäftigten unbedingt
an der Spitze aller Hauptwirtschaftszweige steht. Der

Farmbetrieb deckt nicht nur den Bedarf des Landes an
Getreide, Futterstoffen und Obst, sondern liefert auch einen
sehr wesentlichen Teil der Ausfuhr. Dabei hat sich gezeigt,
daß der Schwerpunkt der kanadischen Landwirtschaft in
der Prärie liegt, zwischen den Großen Seen und den Vor-
höhen der Felsengebirge, einem hügeligen Flachlande,
dessen Boden sich leicht bearbeiten läßt, während das Klima
gewisse Feldfrüchte ungemein begünstigt. Die Entwicklung
dieser ausgezeichneten Kornkammer Kanadas ist außerordentlich rasch vor sich gegangen. Vor fünfundzwanzig
Jahren gehörte die Prärie in der Hauptsache noch dem
Büffel und dem Indianer. Jetzt leben hier gegen anderthalb
Millionen Weiße, vorzugsweise mit Ackerbau und Viehzucht
beschäftigt. Wie weit diese Betriebe sich nach Norden ausdehnen können, läßt sich zurzeit nicht genau sagen. Jetzt
reichen sie etwa bis in die Gegend des 54. Parallel, also
bis dahin, wo bei uns die Nordseeküste liegt. Im Osten
dagegen hören sie viel früher auf; in der Provinz
Quebec kommen sie nirgends bis an den 50. Parallel
heran. Das gleiche gilt von der Provinz Ontario. Ob die
fast fertige Überlandbahn des Grand Trunk, die bestimmt
ist, die wirtschaftliche Kultur nach Norden zu tragen, damit
Erfolg haben wird, bleibt abzuwarten. Sollte dieser, was
wahrscheinlich erscheint, in dem gewünschten Umfange
nicht eintreten, so würde dann in Kanada der Fall vorliegen,
daß das Innere wesentlich weiter nach Norden für Landwirtschaft brauchbar ist als das Küstenland. Daß sie im
Westen niemals eine hervorragende Rolle spielen wird,
ist durch die gebirgige Beschaffenheit des Landes außer
Zweifel gestellt.

Die Viehzucht als selbständiger Betrieb steht nach
Alter, Umfang und Wertertrag weit hinter dem
Pflanzenbau zurück; sie beschränkt sich auf den Osten
und auf die trockeneren Teile der Prärie, namentlich in Alberta. Mit der gleichen Tätigkeit in den
Vereinigten Staaten läßt sie sich nicht im ent-
ferntesten vergleichen; auch schließt sichnicht, wie dort,
eine hervorragende Großschlachterei mit entsprechender
Ausfuhr an. Ansehnliches leistet man dagegen in der

Gewinnung von Butter und Käse, namentlich in den östlichen Provinzen.

Im vorstehenden ist ein kurzer Überblick über die Rohproduktion gegeben worden. Es ist klar, daß alle Teile derselben, mit Ausnahme der Jagd, einer weiteren Entwicklung fähig sind; auch unterliegt es keinem Zweifel, daß die betreffenden Erzeugnisse, soweit sie nicht im Inlande verbraucht werden, im Auslande raschen und preiswerten Absatz finden können. Denn sie sind gerade von derart, daß sie in gewissen Ländern Europas bringend notwendig sind. Somit sieht Kanada für seine Roherzeugnisse einer durchaus günstigen Zukunft entgegen.

So sehr aber auch in der kanadischen Wirtschaft der Schwerpunkt auf der Roherzeugung liegt, so ist doch schon seit längerer Zeit etwas Industrie vorhanden gewesen, auch wenn man von den Tätigkeiten absieht, welche sich mit der Zurichtung und Verarbeitung von Rohstoffen beschäftigen, wie Sägemüllerei und Mehlmüllerei. Der Wert sämtlicher Industrieerzeugnisse derjenigen Betriebe, welche die amtliche Statistik als „Manufaktures" bezeichnet, ist in dem vierzigjährigen Zeitraume reichlich um das Fünffache, das darin angelegte Kapital fast um das Fünfzehnfache gestiegen, die ausbezahlten Löhne um das Sechsfache.

Die angedeuteten Fortschritte hätten nicht erzielt werden können, wenn man sich nicht um die Schaffung wirksamer Verkehrsmittel, in erster Linie der Eisenbahnen, bemüht hätte. Das kanadische Schienennetz hat sich in vierzig Jahren verzehnfacht und, was wichtiger ist, über das ganze Land von Küste zu Küste ausgedehnt; am dichtesten ist es auf der Seenhalbinsel mit Toronto als Mittelpunkt und in den Prärien. Und das letztere ist um so bemerkenswerter, als hier die ersten Anlagen erst Mitte der 1880er Jahre gemacht worden sind. In den kanadischen Bahnen steckt jetzt ein Kapital von fast sieben Milliarden Mark. Auch die übrigen Zweige des Verkehrs weisen eine erfreuliche Zunahme auf. Der auswärtige Seeverkehr hat sich fast verfünffacht, das Telegraphennetz (seit 1881) verzwanzigfacht, die Beförderung von Briefen und Postkarten verelffacht.

Der Wert des Außenhandels ist in vierzig Jahren reichlich um das Fünffache gewachsen; dabei allerdings die Einfuhr in stärkerem Maße als die Ausfuhr. Die einzelnen Gegenstände der letzteren haben sich aber in sehr verschiedenartiger Weise entwickelt. Weizen ist um das Einunddreißigfache, Weizenmehl um das Zehnfache, Hafer um das Sechzehnfache, Schinken um das Siebenfache, Käse um das Zwanzigfache, Fischereierzeugnisse um das Vierfache, Industrieartikel um das Fünfzehnfache, Minerale um das Vierzehnfache gestiegen. Wesentlich geringer ist die Zunahme des Ausfuhrwertes bei den Walderzeugnissen, ganz ausgeblieben bei Butter, die neuerdings sogar einen erheblichen Rückgang aufweist.

Bei solchen Fortschritten konnte es nicht ausbleiben, daß sich der allgemeine Wohlstand hob. Wir wollen ihn hier anführen, soweit er sich in Ersparnissen, in Feuer- und Lebensversicherungen ausdrückt. Das in Sparkassen verschiedener Art eingezahlte Kapital ist seit 1871 fast um das Zehnfache gestiegen und betrug 1912 rund 400 Millionen Mark. Der Versicherungswert gegen Feuer hob sich um das Zwölffache und machte im gleichen Jahre fast 11 Milliarden Mark aus. Im Lebensversicherungsfache wuchs die Summe der Anmeldungen um das Dreiundzwanzigfache zu reichlich 4 Milliarden Mark an; auf den Kopf der Bevölkerung entfielen demnach rund 600 Mark.

6. Fischerei und Jagd.

Unter den Fischereiländern der Erde nimmt Kanada nach Wert und Menge der Fänge einen der ersten Plätze ein. Übertroffen wird es nur von dem Vereinigten Königreich und den Vereinigten Staaten hinsichtlich der absoluten Beträge, an wirtschaftlicher Bedeutung und im Verhältnis von Wertertrag zur Bevölkerungszahl nur von Norwegen. Und dabei ist die kanadische Fischerei in beständigem Wachstum begriffen, das sich so lebhaft gestaltet, daß man wohl annehmen kann, sie werde in absehbarer Zeit in der Reihe der ersten Staaten stehen. Berechtigt ist diese Erwartung durch die geographische Lage, die Küstengestaltung und den Reichtum des Landes an Binnengewässern. Kanada liegt eben in demjenigen Breitengürtel, der sich auch in den anderen Erdteilen durch außerordentliche Vorräte an nutzbaren Wassertieren auszeichnet. Im Gegensatz zu Nordeuropa und zu Ostasien genießt aber Kanada den besonderen Vorteil, daß es auf beiden Seiten von fischreichen Ozeanen umgeben, ist und daß diese beiden Seeküsten eine durchaus verschiedene Natur, daher auch eine in manchen Hinsichten abweichende Gruppierung der Wassertiere aufweisen, so daß sie sich gegenseitig keinen Wettbewerb machen, sondern vielmehr einander ergänzen.

Den Vorzug beiderseitiger Ozeanbegrenzung teilt zwar Kanada mit der benachbarten Union, aber bei genauerem Zusehen zeigt sich sofort, daß Kanada den besseren Teil gewählt hat. Denn es liegt nicht nur weiter nach Norden, daher auch näher an den großen Wanderstraßen der aus den Polargebieten in fabelhaften Mengen heranziehenden Fische, sondern die Küsten sind auch länger und reicher ausgestaltet als in der Union. Die Ostküste hat von der Fundybai bis zur Belle Jsleftraße eine Länge von 8000 km, wobei die kleineren Buchten nicht berücksichtigt sind. Ferner liegen die vorgeschobensten Teile von Kanada viel näher an den Neufundlandbänken, den reichsten Fischgründen der Erde, als die nordöstlichen Staaten der Union. Und wenn auch diese zu der Ausbeute der Neufundlandbänke berechtigt sind, so ist die Entfernung von Neuschottland aus eben doch viel geringer als von Maine oder Massachusetts aus. Noch größer ist der Vorzug Kanadas auf der Westseite. Denn weitaus die größte Strecke der vereinsstaatlichen Küste am Stillen Ozean ist steil und geschlossen, für Fischerei also nicht geeignet, mit Ausnahme des nordöstlichen Abschnittes, etwa von der Mündung des Kolumba an mit Einschluß des Puget Soundes. Kanadas Westküste dagegen ist vollständig zu Inseln und Halbinseln aufgelöst und stellt, ohne die allerkleinsten Verästelungen der zahllosen Fjorde, eine Länge von mehr als 11 000 km dar. Welch eine Fülle von Möglichkeiten und Gelegenheiten zur Ausübung des Fischfangs bieten sich somit in einem Lande, dessen Küstenlinie, ohne die arktischen Gebiete mitzurechnen, fast 20 000 km oder die halbe Länge des Äquators ausmacht! Dazu kommen noch die ebenfalls sehr fischreichen Binnengewässer: die Flüsse und die Seen, von denen die letzteren allein dem Flächenraume des Vereinigten Königreiches gleichkommen, wobei, wohlverstanden, die großen Seen an der Grenze der Vereinigten Staaten nur halb eingerechnet sind. In bezug auf den Besitz von Binnenseen, die sich zur Fischerei eignen, steht Kanada somit ohnegleichen auf Erden da.

Die Fischerei Kanadas an der atlantischen Küste pflegt man in zwei Abteilungen zu zerlegen, in die Hochsee- und die Küstenfischerei. Die erstere betreibt man mit Fahrzeugen von 40 bis 100 Tonnen (RT) und Besatzungen von 12 bis 20 Mann. Die Fischgründe liegen bis 90 Seemeilen oder 166 km von der Küste entfernt. Man bedient sich dabei vorzugsweise der Angelleinen und benutzt als Köder Hering, Tintenfisch und Kapelin; man fängt hauptsächlich Dorsch, Schellfisch, Hake, Pollock und Heilbut. Die Küstenfischerei betreibt man in kleinen Booten mit höchstens sieben Mann Besatzung; außer Angeln wendet man mancherlei Netze an. Die gewöhnlichen Fische fängt man an der ganzen Ostküste, während sich Austernbänke namentlich im St. Lorenzgolf, an der Nordküste der Prinz Edwards-Insel und an der Northumbertslandstraße finden, welche diese Insel von der Festlandsküste trennt. Die pazifischen Gewässer, insonderheit die Flußmündungen, wimmeln von Lachsen, doch kommen auch gewaltige Mengen von Heilbut und Hering vor, zu deren Fang man wohlausgerüstete Dampfer und Segler benutzt. Die geschätztesten Erscheinungen der Binnenseen sind Weißfisch, Forelle, Pickerel, Hecht, Stör und Frischwasserhering; letzterer beschränkt sich auf die Großen Seen.

Das in der Fischerei angelegte Kapital schätzt man rund auf 88 Millionen Mark, davon 80 Millionen für die Seefischerei. Von der Gesamtsumme entfallen etwa drei Zehntel auf den Wert der Fahrzeuge verschiedener Art, sieben Zehntel auf die Geräte und die Einrichtungen für Verwertung und Zurichtung der Fänge. Im Fiskaljahre 1911/12 waren 91 132 Personen in der Fischerei be-

schäftigt, davon 65 926 eigentliche Fischer, welche 1648
größere Fahrzeuge und 36 761 Boote bemannten. Die
übrigen Personen waren an der Küste mit Verarbeitung und
Verkauf der Fänge in Anspruch genommen. Vom Jahre
1882 an teilt auf Grund eines Parlamentsbeschlusses die
Bundesregierung Prämien für bestimmte Leistungen aus;
seitdem sind dafür ungefähr 20 Millionen Mark ausgegeben
worden. Abgesehen von anderen Förderungen hält die
Regierung zurzeit 44 Fischbrutanstalten (Hatcheries) aufrecht, die meisten davon im Britisch-Kolumbien. Seit
dem Jahre 1871 ist der Wert der kanadischen Fischerei
von rund 32 auf 145 Millionen Mark (1912) gestiegen.
In diesem Jahre kommen 20 Mark auf den Kopf der Bevölkerung gegen knapp 3 in der Union und 5 in dem Vereinigten Königreich, aber kaum eine halbe Mark in Deutschland. Von der Gesamtsumme 1912 entfallen rund 16
Millionen auf die Binnen-, 129 auf die Seefischerei. Von
letzterer kommt zwar der größere Teil auf die Ostseite,
aber unter den einzelnen Provinzen steht das Britische
Kolumbien durchaus an der Spitze. An zweiter Stelle
folgt Neuschottland, in weiterem Abstande schließen sich
Neubraunschweig, Quebec, Prinz Edwards-Insel an. Die
Führung der Binnenprovinzen hat Ontario. Unter den
einzelnen Fangtieren ist der Lachs weitaus das wichtigste,
denn er liefert lebend und in verschiedenen Arten der Zurichtung (in Büchsen, gesalzen, geräuchert usw.) dem Werte
nach ein volles Drittel der ganzen Seefischerei; die Ver-
sendung geschieht in Büchsen (canned).

Jagd als Erwerb und Sport wird in Kanada mit
großer Vorliebe und erfreulichem Erfolge betrieben. Die
Ausbeute der wilden Landtiere liegt hauptsächlich in den
Händen der Hudsonbay-Gesellschaft. Obwohl sie
ihre Hoheitsrechte seit 1869 aufgegeben hat, übt sie ihr
Geschäft noch in der früheren Weise aus. Ihr Verwaltungs-
rat hat seinen Sitz in London und ein Statut, Deed Poll
genannt, bestimmt die Rechte und Pflichten ihrer Beamten,
unter denen die Chief factors und Chief traders in erster
Reihe stehen. Diese wie die Clerks stammen vorzugsweise
von den Orkney-Inseln und von Schottland, während die

meisten Jäger und Voyageurs französische Mischlinge oder
Indianer sind. Der Handel mit den Eingeborenen ist Tausch-
handel, wobei ein Biberfell als Einheit dient. Die einge-
tauschten Felle werden zuerst auf den einzelnen Posten,
die, etwa 150 an Zahl, über das ganze unbesiedelte Gebiet
verstreut sind und als Forts bezeichnet werden, aufgesammelt
und von da nach den Hauptniederlagen: Montreal, Moose
Fort, Yorkfaktory, Winnipeg und Victoria (Br. Kol.) gebracht, die ihrerseits die Posten mit allem Nötigen versorgen.
Die am Meere gelegenen Niederlassungen stehen durch
eigene Dampfer der Gesellschaft mit England in Verbindung, wie auch solche auf den größeren Flüssen ver-
kehren, z. B. auf dem Red River, auf dem Saskatschewan
(von Edmonton nach Prinz Albert), auf dem Mackenzie.
Man fängt hauptsächlich Zobel, Seehund, Biber, Bär,
Bisamratte, verschiedene Füchse (Blau-, Rot-, Kreuz-,
Weiß-), Skunks oder Stinktiere, Marder, Otter, Hermelin,
Iltis, Nerz usw.

7. Mineralausbeute.

An Menge und Wert der Mineralausbeute kann sich
Kanada zwar nicht an die Seite der dafür wichtigsten
Länder stellen, aber es verfügt doch immerhin über ansehnliche Vorräte und bemerkenswerte Mannigfaltigkeit
brauchbarer mineralischer Gegenstände. In einzelnen
Gegenständen wie Nickel, Korund und Asbest hat es sogar
den Vorrang unter allen Ländern der Erde. Auch hat man
sich lebhaft und erfolgreich bemüht, die betreffenden Lager
kennen zu lernen und ihre Ausnutzung rasch zu fördern.
Beweis für solche Fortschritte ist der Umstand, daß der Gesamtwert der Ausbeute von 1881 bis 1912 von 10,2 auf
133,1 Millionen Dollar gestiegen ist. Von der Gesamtwertsumme des Jahres 1912, die eine Rekordleistung darstellt,
entfallen 38,33 % auf Ontario und 22,20 auf Britisch-
Kolumbien als auf diejenigen Provinzen, welche in der
Mineralausbeute die Führung haben und reichlich drei
Fünftel des ganzes Bundes in sich vereinigen. In zweiter
Linie folgen Neuschottland mit 14,15, Alberta mit 9,10

und Quebec mit 8,77 %. Somit liegt das Schwergewicht
der Mineralgewinnung im Osten, ein zweites Zentrum
befindet sich im Westen, während die Mitte wenig leistet.

Von der Gesamtwertsumme rechnet man 61,18 Millionen Dollar auf Metalle und 71,95 auf Nichtmetalle. Die
wichtigeren Einzelgegenstände nach ihrem Werte für
1912 bis herab auf 1 Million Dollar sind in der folgenden
Tabelle aufgezählt:

	Mill. Doll.		Mill. Doll.
Kohle	36,35	Kalksteine	2,82
Silber	19,42	Naturgas	2,31
Nickel	13,45	Kalk	1,72
Kupfer	12,71	Blei	1,59
Gold	12,56	Gips	1,32
Zement	9,08	Granit	1,26
Backsteine (Bricks)	7,60	Sand und Kies (Ausfuhr)	1,06
Asbest	2,98		

Obwohl Kohle weitaus den ersten Platz in der Mineralausbeute einnimmt und mehr als ein Viertel von der gesamten Wertsumme darstellt, vermag die geförderte Menge
den Landesbedarf kaum zur Hälfte zu decken; 1912 war
eine Einfuhr von fast 15 Millionen Tonnen im Werte von
etwa 40 Millionen Dollar notwendig. Die Verteilung der
Kohlenlager über das Gebiet der Dominion ist durchaus
ungleichmäßig. Quebec, Ontario und Prinz Edwards-
Insel entbehren sie ganz. Die Lager Neubraunschweigs
und des festländischen Neuschottland haben sich bisher als
nicht sehr ergiebig herausgestellt. Ausgezeichnet an Zahl
und Mächtigkeit sind sie auf der neuschottischen Insel Cap
Breton, die somit den ganzen Osten Kanadas zu versorgen
hat und sogar einen Teil ihrer Ausbeute an die Neuenglandstaaten der Union abgibt. In der Richtung nach Westen
ist Saskatschewan der erste Landesteil, der wieder Kohle
aufweist; es ist zwar eine sehr weiche Braunkohle, aber sie
erweist sich in diesen holzarmen Gegenden doch als recht
willkommen. Noch weiter nach Westen zeigen sich ausgedehnte Flöze in der Provinz Alberta nahe den Felsengebirgen; die dortige Kohle ist zwar vielfach an Qualität
minderwertig, aber leicht auszubeuten, denn an manchen
Stellen tritt sie bis an die Oberfläche heran, z. B. bei

Edmonton, wo man sie beim Eisenbahnbau unmittelbar neben der Strecke ausheben konnte. Auch Britisch-Kolumbien besitzt ergiebige Lager sowohl auf der Insel Vancouver, bei Nanaimo, als auch auf dem Festlande z. B. im Fernie-Distrikt. Vor kurzem hat die Bundesregierung eine Untersuchung über die Ausdehnung und Ergiebigkeit der vorhandenen Kohlenlager ausführen lassen. Danach schätzt man die in Neuschottland und Neubraunschweig noch im Boden steckenden Mengen auf 3500 Millionen Tonnen bituminöser (weicher) Kohle, diejenigen in der Prärie und am Ostabhange der Felsengebirge auf 400 Millionen Tonnen Anthrazit, 30 bituminöser Kohle und 100 Braunkohle (Lignit), diejenigen in Britisch-Kolumbien und Yukon auf 61 Millionen Tonnen Anthrazit, 40 bituminöser Kohle und 500 Braunkohle, außerdem noch im hohen Norden entlang dem Mackenzieflusse 490 Millionen Tonnen Braunkohle und viele kleinere Lager in den Nordwestterritorien. Diese Einzelbeträge würden einen Gesamtvorrat für den Westen und Norden von 1260 Millionen Tonnen ergeben oder reichlich ein Drittel des Ostens.

Außer den Kohlenfeldern wurden auch die Torflager in den Provinzen Neubraunschweig, Quebec, Ontario und Manitoba untersucht. Man glaubt, eine Gesamtfläche von 31 000 qkm annehmen zu dürfen. Bei einer durchschnittlichen Mächtigkeit von 2 m würde sich die Riesensumme von 9000 Millionen Tonnen herausstellen, von der bisher nichts angerührt worden ist.

Die zweithöchste Wertsumme liefert Silber, für 1912 ebenfalls Rekord; zum allergrößten Teile wird es in Neuontario gefunden. Auf die Lagerstätten von Silbererz wie auch von Kobalt, Nickel und Arsenik stieß man im Jahre 1903 beim Bau einer Eisenbahn nach dem Timiskaming-Distrikte. Es kam zur Gründung der Minenstadt Cobalt. Nickelerze werden im Sudbury-Distrikte der Provinz Ontario in solchen Mengen ausgebeutet, daß sie darin eine Weltstellung gewonnen hat. Das Erz wird an Ort und Stelle geschmolzen und in Bessemer Matte verwandelt, die zur weiteren Verarbeitung nach der Union und nach England

gesendet wird. Kupfer, dessen Ausbeute in beständiger
Zunahme begriffen ist, gewinnt man hauptsächlich im
Britisch-Kolumbien, außerdem io (Ontario (Sudbury-
Distrikt) und Quebec.

Während die bisher besprochenen Minerale sich einer
beständig wachsenden Förderung erfreuen, bewegt sich das
Gold im allgemeinen in absteigender Linie. Gold ist ja
schon seit längerer Zeit aufgesucht worden, namentlich
in Britisch-Kolumbien, außerdem in Neuschottland und
seit den 1890er Jahren auch im Yukon-Territorium, aber
der Erfolg blieb gering. Als dann aber der Betrieb im
Yukontal kräftig in die Hand genommen wurde, schnellte
die Ausbeute rasch in die Höhe und lieferte im Jahre 1900
den Höchstwert mit 27,9 Millionen Dollar. Seit der Wende
des Jahrhunderts sank der Ertrag der Goldgewinnung sehr
rasch, hauptsächlich durch das Nachlassen von Yukon, um
dann wieder langsam zu steigen und im Jahre 1912 den
Betrag von 12,65 Millionen Dollar zu erreichen. Daran
leistete Yukon 5,5, Britisch-Kolumbien 5,2 und Ontario 1,8.
Von den minder wichtigen Mineralen sind die Korund-
lager Ontarios (North Hastings und South Renfrew)
zu erwähnen, weil sie den größten Teil des an Markt
kommenden Korund liefern, ferner auch die Feldspat- und
Glimmervorkommnisse in Frontenac und Umgegend. Den
Hauptsitz hat die Glimmergewinnung in Ottawa; sie
könnte aber noch erheblich gesteigert werden.

Eisenerz besitzt Kanada nur in geringem Umfange.
Der Osten enthält wenig, der Westen fast nichts. Am Nordufer des Oberen Sees sollen ansehnliche Lager vorkommen,
aber die Ausbeute ist kaum in die Hand genommen worden,
hauptsächlich weil es an Kohle fehlt, und die Herbeischaffung
aus weiter Entfernung würde zu teuer werden. Deshalb
behilft man sich in der Hauptsache mit fremdem Eisen, aus
dem man, mit Einschluß einer kleinen Menge eigenen
Erzes, im Jahre 1912 etwa 1 Million Tonnen Roheisen
im Werte von 14,55 Millionen Dollar herstellte; die größere
Hälfte davon in Südontario mit Erzen aus den Vereinigten
Staaten, die kleinere auf Cap Breton in Neuschottland
mit solchen aus Neufundland.

Unter den augenblicklichen Verhältnissen ist somit Kanada nicht in der Lage, seinen Bedarf an mineralischen Stoffen selbst zu decken. Wenn es auch gewisse Gegenstände ausführt, so ist doch die Wertsumme der benötigten Einfuhr wesentlich größer als die der Ausfuhr. Erstere betrug 1912 54,9 Millionen Dollar, hauptsächlich für Kohle, Mineralöle, Eisenerze und Edelsteine, letztere 41,3 Millionen; Hauptposten der Ausfuhr sind Silber, Gold, Kupfer, Nickel und Asbest.

Die Bundesregierung verpachtet Rechte zum Kohlenbergbau auf 21 Jahre, erneuerbar für weitere 21 Jahre zu einem jährlichen Pachtgelde von 4 Schilling den Acre und einer Kronsteuer von 2½ Penny die Tonne geförderte verkäufliche Kohle, an eine einzelne Person oder Gesellschaft im Höchstfalle 2560 Acres. Eine Person im Alter von mindestens 18 Jahren, die Mineralien entdeckt hat, kann solchen Boden in der Ausdehnung von 457 m Seitenfläche beanspruchen; später kann er ihn zu denselben Bedingungen wie vorher angegeben kaufen, wenn er bestimmte Bedingungen erfüllt hat. Wer im Bette eines Flusses auch Gold suchen will, kann die Erlaubnis dazu erhalten bis zu 16 km im Laufe dieses Flusses auf 20 Jahre gegen Abgabe von 40 Mark jährlich für je 1,6 km und eine Kronsteuer von 2½ % auf den Ertrag, wenn dieser 40 000 Mark übersteigt.

8. Waldausbeute.

Ohne Zweifel gehört Kanada zu den waldreichsten Ländern der Erde. Abgesehen von Sibirien gibt es wohl kein Gebiet, das sich an Ausdehnung der zusammenhängenden Waldflächen mit der Dominion vergleichen könnte. Früher schätzte man sie auf 3,2 Millionen qkm, nach einer neueren Angabe aus dem Ministerium des Innern in Ottawa nimmt man an, daß 2,0 bis 2,4 Millionen qkm mit Wald bedeckt und davon 1,536 Millionen qkm schlagbar sind. Über die einzelnen Provinzen verteilen sich die letzteren in der Weise, daß je 400 000 qkm auf Quebec, die Prärieprovinzen und Britisch-Kolumbien, 280 000 auf Ontario,

36 000 auf Neubraunschweig und 20 000 auf Neuschottland
entfallen.

Der kanadische Wald trägt zwar im allgemeinen
den Charakter der gemäßigten und subarktischen Zone,
zeigt aber, bei etwas näherer Betrachtung, nach Lage und
Zusammensetzung, nach Dichte und Erhaltungszustand recht
verschiedenartige Eigenschaften. Zunächst zerfällt er durch
eine längs des Ostfußes der Felsengebirge verlaufende
Linie in zwei Hauptteile: einen östlichen (atlantischen)
und einen westlichen (pazifischen), die durch einen breiten
Streifen subarktischen Waldes miteinander verbunden
werden, der sich nördlich vom 55° n. Br. durch das Festland
hinzieht.

Das atlantische Waldgebiet zerfällt wieder in
zwei Abteilungen, eine südliche und eine nördliche, deren
Scheidegrenze etwa durch den 50.° n. Br. gebildet wird.
Die südliche Abteilung, die naturgemäß in das Staats-
gebiet der Union übergreift, umschließt namentlich das
Becken des Lorenzstromes und die Umgebungen der großen
Seen mit Ausnahme des Ufergeländes des Eriesees,
das vorzugsweise sommergrünen Laubwald trägt. Der
wichtigste, wenn auch nicht häufigste Baum dieser Abteilung ist die Weymouthskiefer (Pinus Strobus), welche
auf den sandigen Ebenen des Lorenzbeckens oft große
Wälder bildet. Häufig sind auch ausgedehnte Bestände
der Schwarzfichte, während die Hemlocktanne, die gelbe
Zeder, die Schwarzlinde, die schwarze und die weiße Esche,
der Zuckerahorn und verschiedene Birken- und Ulmenarten
den Höhepunkt ihrer Entwicklung wie auch ihre Nordgrenze
finden. Auch der Walnußbaum und die Eiche, die rote
Zeder, die Buche und einige andere südliche Arten dringen
in diese Abteilung vor. Die nördliche Abteilung des
atlantischen Waldgebietes beginnt im Osten auf der Nordspitze von Neufundland und erfüllt einen großen Teil von
Labrador; an der atlantischen Küste ist sie etwa 10 Parallelgrade breit, in ihrer Fortsetzung jenseits der Hudsonbay
wird sie breiter und dehnt sich am Ostfuß der Felsengebirge
auf fast 20 Parallelgrade aus. Wegen der eigenartigen
Bodenbeschaffenheit des Landes und der geringen Jahres-

wärme ist der Baumwuchs beeinträchtigt und die Zahl der hochstämmigen Arten auf acht beschränkt. Die Weiß- und Schwarzfichte sind verhältnismäßig am häufigsten und bilden auf den niedrigen Wasserscheiden lichte Bestände, während die Täler und breiten Einsenkungen mit Pappeln, Zwergbirken und Weiden bedeckt sind. Wirtschaftlich sind diese Holzungen von geringem Wert.

Das pazifische Waldgebiet deckt sich im wesentlichen mit dem Großen Westgebirge und zerfällt in eine nördliche und eine südliche Abteilung. Die nördliche, südwärts bis zum 58. Parallel reichend, besteht, soweit bekannt, aus lichten, kümmerlichen Wäldern derselben oder ähnlicher Arten wie im Osten. Der Hauptbaum ist die Weißfichte, die bei 65° n. Br. zu verhältnismäßig bester Entwicklung gelangt. Bei der südlichen Abteilung hat man zwischen dem Küsten- und dem Binnenwald zu unterscheiden. Der Küstenwald, infolge der reichlichen Niederschläge der üppigste, wenn auch nicht der mannigfachste von ganz Nordamerika, erstreckt sich anfangs in einem schmalen Streifen längs der Küste nach Süden zu bis zum 50. Parallel. Hier wird er breiter, umfaßt die Ufer des Puget-Sundes und verbreitet sich ostwärts über die hohen Bergketten der Gold-, Selkirk-Range usw. und von hier nordwärts bis zum 54. Parallel. Er besteht größtenteils aus einigen durch hohen Wuchs, Schönheit und wirtschaftlichen Wert ausgezeichneten Koniferenarten bei auffälligem Mangel an Laubbäumen. Die hervortretendsten und wichtigsten Arten sind die Alaska-Zeder, die Sitka-Fichte, die Hemlocktanne und die Douglastanne (Pseudotsuga); letztere herrscht namentlich an der Grenze der Union vor. In diesen prachtvollen Koniferenwäldern stehen die bis 90 m hohen Stämme dicht beieinander. Der Boden, über welchem sich in der Höhe das Nadeldach gleich einem Baldachin wölbt, wird niemals trocken und ist mit einem dicken, weichen Teppich von Moos und Farn, oft von enormem Wachstume, bedeckt. Die lichteren Stellen sind von einem undurchbringlichen Dickicht verschiedener, fast baumhoher Heidelbeersträucher, Haselstauden, Ahorn usw. überzogen. Im Gegensatz zu dem üppigen Küstenwald ist der Binnenwald, der sich auf den Felsengebirgen hinzieht, kümmerlich und arm an Arten.

Bis in die neueste Zeit hat es in Kanada eine Forstwissenschaft nicht gegeben, auch keine Forstwirtschaft in mitteleuropäischem Sinne. Aber die große Wichtigkeit der Waldausbeute und die Notwendigkeit ordnend und beaufsichtigend einzugreifen, werden neuerdings mehr und mehr erkannt. Daher fängt man ernstlich damit an, die Versäumnisse der Vergangenheit nachzuholen, die noch vorhandenen Bestände möglichst zu erhalten und sie einer vernünftigeren und zweckmäßigeren Ausnutzung zu unterziehen als es bisher geschah. Viel Verdienst um die Aufklärung der Bevölkerung über die hohe Bedeutung des Forstwesens und um den Hinweis auf die Gefahren eines Weiterwirtschaftens in der üblichen Weise haben sich die im Jahre 1901 gegründete Forstabteilung der Zentralregierung in Ottawa und die auf deren Veranlassung eingesetzte Kommission zur Erhaltung der nationalen Hilfskräfte erworben. Obwohl es noch an fachmännisch gebildeten Forstpersonal fehlt, sowohl in Ottawa als auch bei den Provinzialregierungen, so ist doch wenigstens der Anfang dazu gemacht.

Die beiden hauptsächlichsten Übelstände sind die großen jährlich wiederkehrenden Waldbrände und die rücksichtslose Abholzung, durch welche jährlich ausgedehnte Bestände so zerstört werden, daß für langsame Wiederaufforstung kein genügender Nachwuchs übrig bleibt. Die Waldbrände entstehen meist durch Nachlässigkeit von Jägern, Holzfällern und Ansiedlern und können bei der meist vorhandenen Unwegsamkeit und Abgelegenheit der davon betroffenen Landstriche überhaupt nicht oder nur unter den größten Schwierigkeiten bekämpft werden. Die Feststellung der Vorschriften zur Verhütung von Waldbränden fällt in das Bereich der Provinzialparlamente, welche lange Zeit diese Fragen unberücksichtigt ließen, neuerdings sich aber etwas mehr damit beschäftigten. Insbesondere hat Britisch-Kolumbien kürzlich ein Gesetz geschaffen, welches die dortigen Wälder zu schützen vermag, wenn es nachdrücklich durchgeführt wird. Ferner haben

Aufbrechen des Bodens mit Pflugmaschinen in Saskatschewan

sich infolge der brutalen Ausbeutung zur Herstellung von
Holzstoff (Zellulose, Pulp) und Papier die Regierungen
der Provinzen Quebec und Ontario veranlaßt gesehen,
beschränkende Bestimmungen einzuführen, die wenigstens
auf den Staatsbesitzungen den weitgreifenden Mißbräuchen
einen Riegel vorschieben.

Gleichzeitig mit den Maßregeln zur Erhaltung der
Wälder in den waldreichen Provinzen finden auch Bemühungen in den Präriegegenden statt, die Anpflanzung
von Bäumen möglichst zu fördern. Wenn auch die Forst-
verwaltung jährlich Hunderttausende von Bäumchen kosten-
los an die Farmer verteilen läßt, so kann doch ein merkbarer
Fortschritt erst nach vielen Jahren zum Vorschein kommen,
da eben die ursprünglich waldlosen oder waldarmen Flächen
eine ungeheure Ausdehnung haben. Endlich hat die Bundesregierung nach dem Vorbilde der Vereinigten Staaten,
damit angefangen, Forstreserven anzukaufen. Zur Zeit
verfügt sie insgesamt über reichlich 64500 qkm in den
vier Provinzen des Westens. Die größte derartige Reserve,
fast drei Viertel des genannten Betrages ausmachend,
liegt in Alberta und zwar in dem Teile der Felsengebirge,
der von der ersten kanadischen Überlandbahn durchschritten
wird.

Für 1912 wird der Wert sämtlicher Walderzeug-
nisse auf 182 Millionen Dollar schätzungsweise angegeben;
davon entfallen 84 auf Sägeholz (Lumber), Latten und
Schindeln, 50 auf Feuerholz, 12 auf Zellulose, 10 auf
Pfosten und Rails, 8 auf Bahnschwellen; der Rest diente
zahlreichen anderen Zwecken. Das Lumbergeschäft,
für das ungefähr 3000 Sägereien in Tätigkeit sind, ist
zwar in allen Provinzen vertreten, jedoch mit dem Unterschiede, daß der Schwerpunkt auf Ontario und Britisch-
Kolumbien entfällt. Eine große Rolle spielt in der kanadischen Waldindustrie die Erzeugung von Holzstoff und
Zellulose, da nicht nur im Lande selbst eine ganze Anzahl von leistungsfähigen Fabriken dieses Geschäftszweiges
vorhanden ist, sondern auch das Rohmaterial für einen
beträchlichen Teil der vereinstaatlichen Fabriken aus der
Dominion herrührt. Die rücksichtlose Abholzung kanadischer

Waldungen durch vereinsstaatlich finanzierte Unternehmungen war eine der Hauptursachen dafür, daß die Regierungen von Neubraunschweig, Quebec und Ontario die Ausfuhr solchen Holzes verboten, welches, Regierungsbeständen entnommen, zur Herstellung von Papier dienen sollte. Dieses Verbot wollte zugleich der inländischen Zellulosefabrikation das Rückgrat stärken. Im Jahre 1912 waren in der Dominion 48 Zellulosefabriken vorhanden, vorzugsweise in Quebec und einigen anderen Provinzen des Ostens. Ungefähr vier Fünftel der kanadischen Zellulose sind Holzschliff; nur ein Fünftel wird auf chemischem Wege nach dem Sulfitverfahren und eine ganz geringe Menge nach dem Sodaverfahren hergestellt. Von der Gesamterzeugung an Holzstoff werden etwa sieben Zehntel ausgeführt, in erster Linie nach den Vereinigten Staaten, in zweiter nach England.

Wie in den Vereinigten Staaten, so waltet auch in der Dominion bei der Verwendung von Holz ein außerordentlicher Grad von Verschwendung und Nachlässigkeit ob, sodaß fast die Hälfte des in den Waldungen gefällten Holzes nutzlos zu Grunde geht. Allein der bei den Sägewerken sich ergebende Abfall an Schwarten, Kleinholz und Sägespänen, würde, wenn richtig ausgenutzt die Gewinnung an Zellulose um 50 % erhöhen. Dazu kommt das Verfahren beim Fällen selbst. Äste und weniger starke Stämme werden dabei einfach an Ort und Stelle liegen gelassen, sodaß jährlich Millionen von Kubikfuß verfaulen oder in trockenen Sommern die Gefahr von verheerenden Waldbränden erhöhen.

Die Ausfuhr von Walderzeugnissen aller Art ergab im Jahre 1912 annähernd 41 Millionen Dollar, die Einfuhr 15 Millionen Dollar. Fremdes Holz wird namentlich zur Herstellung von Möbeln, Eisenbahnwagen, landwirtschaftlichen Geräten und Fuhrwerken verwendet.

Der Besitz der kanadischen Wälder gehört teils dem Bunde, teils den Provinzen. Die Bundesregierung gewährt Erlaubnis zur Fällung von Holz in ihren Waldungen. Diese Erlaubnis wird zu einem Mindestpreise durch öffentliche Auktion auf dem Bureau des Bauholz-Agenten der

Dominion vergeben, in dessen Bezirk der betreffende Wald
liegt und zwar jedes Mal auf ein Jahr. Abgesehen von
bestimmten Abgaben für das gefällte Holz kostet sie 20 Mark
für eine englische Quadratmeile. In den Provinzen
Manitoba, Saskatschewan und Alberta sowie in den Nordwestterritorien muß das gefällte Holz in den Sägemühlen
des betreffenden Bezirks verarbeitet werden. In den
Provinzen Quebec, Ontario, Neuschottland, Neubraunschweig und Britisch-Kolumbien werden die Wälder von
den Provinzialregierungen verwaltet, von denen jede
besondere Bestimmungen getroffen hat. Gegebenenfalls
verweigern sie die Erlaubnis zum Holzfällen.

9. Bodenanbau.

Der Bodenanbau bildet durchaus den wichtigsten
Wirtschaftszweig des kanadischen Bundes, und auf ihm
beruht seine Zukunft. Etwa vier Fünftel der Gesamtbevölkerung sind mittelbar damit beschäftigt, und fast die
Hälfte derselben hat ihr Dasein unmittelbar von den Er-
trägnissen der Landwirtschaft. Kaum ein anderes Gebiet
der Erde von gleicher geographischer Lage bietet so günstige
Bedingungen dafür, denn wenn es auch, wie das europäische
Rußland, strenge Winter hat, so reicht doch die Sommerwärme vollständig aus, nicht nur um die Körner-, Wurzel-
und Futterpflanzen der nördlich-gemäßigten Zone zu
voller Entwicklung zu bringen, sondern auch Obst- und
Beerenfrüchte in bester Weise gedeihen zu lassen. Der
kanadische Weizen und die kanadischen Äpfel sind von un-
übertroffener Güte, Kürbisse wachsen zu ungeheurer Größe,
gelegentlich bis fünf Zentner schwer. Der Schwerpunkt
des Bodenanbaus, bis vor kurzem im Lorenzbecken liegend,
rückt sichtlich in die ungeheuren Ebenen der Prärien vor,
wo tatsächlich unermeßliche Flächen besten und sehr leicht
zu bearbeitenden Bodens zur Verfügung stehen. In vollem
Verständnis für die grundlegende Bedeutung des Land-
baus sind Regierungen und Private eifrigst bemüht, diesen
Erwerbszweig nach bestem Wissen und Können zu fördern,
alle Verbesserungen in Methoden, Geräten und Maschinen

zu prüfen und, wenn sie sich bewähren, einzuführen. Landwirtschaftliche Schulen verschiedener Grade, Versuchs-
stationen und Versuchsfelder sind vorhanden, um Theorie
und Praxis miteinander zu verbinden.

Die Art des landwirtschaftlichen Betriebes
ist in manchen Stücken erheblich von der altweltlichen ver-
schieden. Zunächst unterscheidet man streng zwischen einem
reinen Feldbau (Farming), der Verbindung von Feldbau
mit Obstbau und Viehzucht (Mixte farming), der reinen
Viehzucht (Stockraising) und dem Molkereiwesen (Dairying).
Bei dem reinen Feldbau werden soweit wie möglich
Maschinen angewendet, namentlich zur Ernte. Es ist nicht
üblich, das Getreide in Scheunen einzufahren, um es dort
auszudreschen, sondern dies wird gleich auf den Feldern
besorgt. Das Stroh, soweit man dafür keine Verwendung
hat, was meistens der Fall ist, wird bald nach dem Ausdreschen verbrannt. Auch das Getreide wird, soweit es
zum Verkaufe dienen soll, nicht in Scheunen, sondern in
die sogenannten Elevatoren geschafft, deren es an jeder
Eisenbahnstation mindestens einen gibt. Diese Elevatoren
sind große Anlagen, anfänglich aus Holz, neuerdings auch
aus Eisen, mit den nötigen Einrichtungen für Bewegung,
Reinigung und Lagerung des Getreides. In diesen wird
es so lange aufbewahrt, bis es verkauft und durch die Eisenbahn fortgeschafft wird. Im Jahre 1913 gab es in Kanada
2319 Elevatoren und 37 andere Lagerhäuser mit einer
Aufnahmefähigkeit von 127,2 Millionen Bushels; einzelne
davon vermögen bis 3 Millionen Bushels zu fassen. Das
mixte Farming erinnert vielfach an unseren landwirtschaftlichen Kleinbetrieb.

Die größte Ausdehnung und den höchsten Wert
hatte der Bodenanbau der Dominion bisher im Jahre 1911,
wo 32 853 074 Acres = 131 412 qkm mit Feldfrüchten
bebaut waren und einen Gesamtertrag von 2376 Millionen
Mark lieferten. Im Jahre 1912 zeigte sich ein Rückgang
der Anbaufläche auf 32 449 420 Acres = 129 796 qkm
und des Gesamtwertes auf 2150 Millionen Mark. Anbaufläche, Ertrag und Wert der wichtigsten Feldfrüchte sind
für 1912 in der folgenden Tabelle zusammengestellt:

68

	Mill. Acres	% der Gesamtfläche	Bushels	Doll.	% des Gesamtwertes
Weizen	9,7	30,1	199,2	123,5	25,1
davon Frühlingsw.	8,9	27,7	182,8	109,8	21,4
Hafer	9,2	28,4	361,7	117,0	22,8
Gerste	1,4	4,3	44,0	20,4	4,0
Flachssaat	1,6	5,2	21,6	19,6	3,8
			Tonnen		
Heu und Klee	7,6	23,6	11189	124,0	24,1

Mit geringeren Beträgen kommen Roggen, Erbsen, Buchweizen, Mischkorn, Hülsenfrüchte, Kartoffeln, Rüben, Futterkorn, Luzerne u. a. in Betracht.

Nach Maßgabe der Anbaufläche hat unter den neun Provinzen der Dominion Ontario den ersten Platz; denn es hat nicht nur das verhältnismäßig umfangreichste Areal, 28,3 der Gesamtheit, sondern auch die größte Mannigfaltigkeit der Gewächse, jedenfalls alle die in der obigen Liste aufgezählten. Dazu kommt, daß in Ontario auch der Obst- und Gemüsebau, der bei den obigen Angaben nicht berücksichtigt ist, trefflich vertreten ist, am besten in ganz Kanada. Den zweitgrößten Anteil an der Anbaufläche der Dominion hat Saskatschewan mit 26,4 %; aber man zieht fast nur Weizen, Hafer und Flachssaat. Mit größeren Anteilen folgen dann noch Manitoba, hauptsächlich Weizen und Hafer, Quebec vorzugsweise Heu und Hafer, und Alberta meist Weizen und Hafer, während auf die vier Küstenprovinzen nur kleine Beträge kommen. Von den drei großen Feldfrüchten Kanadas: Weizen, Hafer und Heu beschränkt sich Weizen auf die Prärieprovinzen, welche zusammen 92 % des Weizenareals besitzen. Von dem Haferareal haben die drei Prärieprovinzen zusammen die reichliche Hälfte, daneben besitzen auch Ontario und Quebec bedeutende Flächen, besonders Ontario, das mit 28 % die erste Stelle im Haferbau der Dominion einnimmt. In der Gewinnung von Heu und Klee dagegen leisten die vier westlichen Provinzen kaum 5 % der Dominion. Die Hauptgebiete sind vielmehr Ontario und Quebec.

Obwohl die Zucht von Obst und Gemüse für die wirtschaftliche Stellung der Dominion nicht von so grundlegender Bedeutung ist wie der Getreidebau, so steht sie doch auf hoher Stufe und erzielt durchschnittlich gute Erträge. Neben den seit jeher in großer Blüte stehenden und außerordentlich leistungsfähigen Kulturen der Provinzen Neuschottland, Quebec und Ontario, namentlich der Seenhalbinsel, kommt in den letzten Jahren auch Britisch-Kolumbien vorwärts, da hier Klima und Bodenverhältnisse dafür fast ebensogünstig sind wie diejenigen Kaliforniens. Wenn seine Erzeugnisse in erster Linie auch den Bedarf der Prärieprovinzen befriedigen müssen, so ist es doch schon jetzt möglich, trotz der ungeheuren Entfernung, Obst bis in den Osten Kanadas, ja sogar nach England mit Nutzen zu versenden. Bei der vorzüglichen Beschaffenheit der westlichen Früchte werden sich die Erfolge noch steigern lassen, zumal da durch Ausstellungen, Preisverleihungen usw. Eifer und Unternehmungslust sehr angestachelt werden. An die Zucht von Obst und Gemüse schließt sich eine bemerkenswerte Konservierungstätigkeit, namentlich in Ontario. Wenn diese auch vorzugsweise für den heimischen Bedarf arbeitet, so bringt sie doch einiges zur Ausfuhr, wie Äpfel und Beerenfrüchte.

Die Weiterentwicklung des Bodenanbaus, insonderheit des Feldbaus auf großen Flächen, hängt in erster Linie davon ab, ob noch weitere geeignete Ländereien vorhanden sind. Diese grundlegende Frage ist für die Prärieprovinzen entschieden zu bejahen. In Manitoba wird der noch nicht benutzte Weizenboden auf 80 000 qkm geschätzt, für Saskatschewan auf 60 000 qkm, für Alberta auf mindestens 160 000 qkm. Dazu kommt noch der sehr ausgedehnte und für äußerst fruchtbar geltende Peace River-Bezirk an der Grenze von Britisch-Kolumbien und Alberta, der zurzeit aber noch fast unbesiedelt ist. Wenn die zum Anbau der genannten Landstriche unbedingt notwendigen Einwanderer kommen, so darf man wohl annehmen, daß in einigen Jahrzehnten sich die Weizengewinnung der Prärieprovinzen außerordentlich steigen wird. Diese Zukunftsgestaltung verlangt aber nicht nur eine verstärkte Einwanderung, sondern auch eine entsprechende Vermehrung der Beförderungsmöglichkeiten. Obwohl die bereits vorhandenen Bahnlinien und die von den verschiedenen Gesellschaften an fast allen Stationen errichteten Getreide-

elevatoren, insbesondere aber die am Oberen See bestehenden Anlagen eine große Leistungsfähigkeit besitzen, so bildet
doch die Bewältigung der Fortschaffung so ungeheurer
Mengen von Körnerfrüchten, wie sie namentlich die Rekord-
ernte des Jahres 1911 lieferte, eine Aufgabe, welche mit
den jetzt vorhandenen Einrichtungen nicht mehr ganz glatt
gelöst werden kann. Wenn nämlich zu Beginn des Winters
die Schiffahrt auf den Großen Seen eingestellt wird, so
steht für die Beförderung nach Osten bis Sudbury nur
die eingleisige Strecke der kanadischen Überlandbahn zur
Verfügung. Im Jahre 1911 war zum ersten Male die
Überfüllung der Endelevatoren in Fort William so groß
geworden, daß die im Hafen überwinternden Schiffe zur
Erleichterung herangezogen und zeitweilig beladen werden
mußten. Der fortschreitende Ausbau der zweiten Überlandbahn (Grand Trunk), die Inangriffnahme einer dritten
sowie einer Linie zur Hudsonbay lassen für die Zukunft
in dieser Hinsicht bedeutende Erleichterung erwarten. Außerdem kommt noch die weitere Ausgestaltung der Wasserwege in Frage, namentlich die Schiffbarmachung der
Flüsse der Nordwestprovinzen, der Bau des Georgienbay-
kanals durch das Tal des Ottawaflusses nach Montreal
und die Vertiefung des Wellandkanals, welcher die Niagara-
fälle umgeht.

Man muß anerkennen, daß in Kanada nicht nur der
praktische Landwirt mit allen Kräften tätig ist, sondern
daß auch die Regierungen durch dominiale und provinziale
Musterwirtschaften und Versuchsanstalten die Sache auf
eine höhere Stufe zu heben eifrig bemüht sind. Hauptsächlich wird an der Züchtung von Weizenarten, die für
die Präriegebiete sich eignen, gearbeitet. Es gibt bereits
solche, die auf dem Acre bis 53 Bushel liefern, während
der Durchschnittsertrag der Dominion in dem besonders
guten Weizenjahre 1911 knapp 22 Bushel ergab. Saatkorn
solcher Sorten wird den Farmern teilweise unentgeltlich
zur Verfügung gestellt. Außer den Anbauversuchen werden
auf den Stationen auch mit allen dort gezogenen Proben
Mahl- und Backversuche vorgenommen und alle mit dem
Getreide-, Obst- und Blumenbau zusammenhängenden

Fragen botanischer, entomologischer und sonstiger Art in
wissenschaftlicher Weise gewissenhaft untersucht und nach
ihren Beziehungen zu den besonderen Verhältnissen Kanadas aufs genaueste geprüft.

10. Viehzucht.

Die Viehzucht schneidet in Kanada nicht so günstig
ab wie der Bodenanbau. Die Ursache dieser Erscheinung
liegt nicht etwa in weniger gutem Gedeihen der Tiere,
als vielmehr in dem leicht begreiflichen Umstande, daß in
den Prärieprovinzen die ganze Landwirtschaft in allererster
Linie auf möglichst rasche Erzielung hoher Weizenerträge
ausgeht und dabei wenn irgend möglich mit Maschinen
arbeitet, aber dem gemischten Betriebe und der Viehhaltung weniger Anteilnahme zuwendet. Auch haben die
zunehmenden Bedürfnisse einer rasch steigenden Bevölkerung in den letzten Jahren einen immer größeren Teil der
im Inlande hervorgebrachten tierischen Erzeugnisse in
Anspruch genommen. Immerhin ist es auffällig, daß in
einem für Viehhaltung so geeigneten Lande, wie Kanada
es ist, der Gesamtbestand der Zuchttiere sich rückwärts bewegt von 15 867 000 Zuchttiere im Jahre 1908 auf
14 337 500 im Jahre 1912, also fast um ein Zehntel. Diese
Abnahme betrifft, mit Ausnahme der Pferde, alle übrigen
Zuchttiere, am stärksten in prozentuellem Maße die Schafe
und die Schweine, letztere um 22 %! Infolgedessen hat
die Ausfuhr an lebendem Vieh eine so starke Abnahme erfahren, daß sie demnächst ganz aufzuhören droht. Auch
die Ausfuhr tierischer Nahrungsmittel ist zurückgegangen,
besonders von Molkereierzeugnissen.

Nach offiziellen Schätzungen wird der Gesamtwert
aller Molkereierzeugnisse auf 100 Millionen Dollar
angegeben, wovon vier Fünftel im Lande selbst verbraucht
werden. Die Arbeitsverfahren und die Leistungsfähigkeit
der verschiedenen Anstalten sind in dauerndem Aufschwunge
begriffen, namentlich in der Provinz Ontario, wo die
staatliche Fürsorge und der private Unternehmungsgeist
die besten Ergebnisse von ganz Kanada zustande bringt.

In der ganzen Dominion waren im Jahre 1910 3628
Molkereianstalten vorhanden mit einem Gesamtertrage
von 39 Millionen Dollar für Butter, Käse und kondensierte
Milch, wovon etwa die Hälfte im Lande selbst verbraucht
wurde. Von der eben genannten Gesamtsumme nimmt
Ontario die volle Hälfte in Anspruch, Quebec etwas weniger.
Beide sind auch die Hauptkäseprovinzen, namentlich für
den Bedarf Englands, bei dessen Einfuhr der kanadische
Käse an erster Stelle steht.

Während das kanadische Molkereiwesen nicht nur den
heimischen Verbrauch deckt, sondern auch ansehnliche Mengen
versendet, liegen die Verhältnisse in bezug auf die Deckung
des Fleischbedarfs ganz anders und zwar vom volks-
wirtschaftlichen Standpunkte aus ungünstig. Nicht nur
in Britsch-Kolumbien, das infolge seiner noch in den Anfängen stehenden Landwirtschaft von jeher eine Ausnahme-
stellung innehatte und jährlich für mindestens 60 Millionen
Mark Nahrungsmittel einführen muß, sondern auch in
den östlichen Provinzen nimmt die Einfuhr von Fleisch
und Fleischkonserven von Jahr zu Jahr zu. Diese Zufuhr
erfolgt hauptsächlich aus den Vereinigten Staaten; doch
kommt sie neuerdings auch aus Argentinien, Australien
und Neuseeland in steigenden Mengen. Fremdes Ge-
frierfleich gelangt sogar bis in die Läden der Präriestädte.
Die Gesamteinfuhr von Tieren und tierischen Erzeugnissen aller Art stieg in dem Zeitraume 1908—1912 von
17,7 auf 29,5 Millionen Dollar, die Ausfuhr sank von
55,1 auf 48,2 Millionen Dollar.

11. Industrie und Arbeiterverhältnisse.

Wenn auch der Schwerpunkt der kanadischen Volks-
wirtschaft durchaus auf der Gewinnung von Rohstoffen
aus allen drei Naturreichen und namentlich aus der
Pflanzenwelt liegt, so hat doch von jeher eine gewisse
industrielle Tätigkeit stattgefunden. Diese Tatsache
findet in erster Linie ihre Erklärung in dem Umstande,
daß die Einwanderung vorzugsweise aus Ländern erfolgt
ist, in denen die Verarbeitung von Rohstoffen von jeher
erfolgreich betrieben worden ist, zuerst aus Frankreich in

den Zeiten seines größten Glanzes, dann aus England und Deutschland, neuerdings auch aus den Vereinigten Staaten. Anderseits ist es gerade die Menge der heimischen Rohstoffe, die zu industrieller Betätigung einlädt. Aber man hat sich darauf nicht beschränkt, sondern auch fremde mit herangezogen. Sodann hat die Fürsorge der Regierung durch zahlreiche Maßregeln und verschiedene Erleichterungen die Industrie gehoben, namentlich dadurch, daß sie einen für die Ausgestaltung der einzelnen Zweige förderlichen Schutzzoll geschaffen hat. Es fehlt zwar nicht an Stimmen, welche einzelne von den bestehenden Zollsätzen für schädlich erklären und diese für die ungerechtfertigt hohen Preise einzelner im Inlande hergestellten Artikel verantwortlich machen. In den meisten Industriezweigen ist aber die Beteiligung ausländischer Fabrikate am Wettbewerb ziemlich lebhaft, zumal eben die kanadische Industrie trotz ihres bedeutenden Aufschwungs noch nicht imstande ist, den Landesbedarf an Fabrikaten vollständig zu decken.

In dem Zeitraum 1871—1911 hat sich der gesamte Wert der kanadischen Industrieerzeugnisse von 222 auf 1166 Millionen Dollar gehoben, wenn schon nicht außer acht gelassen werden darf, daß die Art der statistischen Aufnahme im Laufe der Zeit etwas gewechselt hat. Für das Jahr 1912 wurde die Zahl der industriellen Anlagen auf 19 218 festgestellt. Das darin arbeitende Kapital wird auf 1247 Millionen Dollar, die Zahl der Angestellten auf 515.203 geschätzt. Wenn auch der Osten durchaus den größten Anteil an der Industrie hat, so läßt sich doch nicht verkennen, daß auch der Westen Fortschritte macht. Diese Tatsache läßt sich z. B. aus einem Vergleich der Verhältniszahlen für 1901 und 1911 erkennen. Die nachstehende Tabelle zeigt zugleich die industrielle Bedeutung der einzelnen Provinzen unter einander wie im Hinblick auf die Dominion.

	1901 %	1911 %		1901 %	1911 %
Ontario	50,2	49,7	Britisch-Kolumbien	4,0	5,6
Quebec	32,9	30,1	Manitoba	2,7	4,6
Neuschottland	4,9	4,5	Alberta und Saskat-		
Neubraunschweig	4,4	3,0	schewan	0,4	2,2
Prinz Edwards-Insel	0,5	0,3	Westen	7,1	12,4
Osten	92,9	87,6			

Die offizielle Statistik unterscheidet fünfzehn Posten
oder Zweige, deren Verhältnis zur Gesamtindustrie sowie
zu einander aus den nachstehenden Wertbeträgen und
Anteilen hervorgeht; diese gelten für 1911.

	Mill. D.	%		Mill. D.	%
Nahrungsmittel	245,67	21,0	Brennerei und		
Holzindustrie	184,63	15,8	Brauerei	28,93	2,5
Textilindustrie	135,90	11,8	Chemische Industrie	27,80	2,4
Eisen- u. Stahl-			Ziegelei, Glas-		
industrie	113,60	9,7	industrie usw.	25,78	2,2
Andere Metall-			Tabakindustrie	25,34	2,2
industrie	73,24	6,3	Handgewerbe	14,83	1,3
Fahrzeuge f. Land-			Schiffbau	6,57	0,5
transport	69,71	6,0	Verschiedene In-		
Lederindustrie	62,85	5,4	dustrien	104,62	8,9
Papier- u. Druck-					
gewerbe	46,46	4,0			

Unter den genannten Zweigen der kanadischen Industrie
hat sich neuerdings derjenige rasch entwickelt, welcher sich
mit Herstellung von Eisen und Stahl beschäftigt.
Die gesamte Produktion, welche gegenwärtig etwa die
Hälfte des Inlandbedarfes decken kann, wird von drei
Gesellschaften: der Dominion Steel Corporation, der
Steel Company of Canada und der Lake Superior Cor-
poration, beherrscht, welche eine größere Anzahl von
kleineren Unternehmungen in sich fassen und zum Teil
erst in letzter Zeit entstanden sind. Die Dominion Steel
Corporation, mit einem Kapital von 34½ Millionen Dollar
arbeitend, hat ihren Sitz in Sydney N. S., sie stellt Roh-
eisen, Stahl, Schienen und Walzeisen her. Die Stel
Company of Canada, mit einem Kapital von 25 Millionen
Dollar und Zentrale in Hamilton, umfaßt eine größere
Anzahl von Fabriken, welche die Erzeugung von Walzeisen,
Nägeln, Schrauben und Bolzen betreiben. Die Lake
Superior Corporation ist aus dreizehn Einzelunternehmungen
gebildet, unter denen sich auch Papierfabriken, Bahn-
unternehmungen und Kraftwerke befinden. Das Kapital
beträgt 51,3 Millionen Dollar, die Erzeugung besteht vorzugweise in Roheisen und Stahlschienen. Die Aussichten
dieser Gesellschaft sieht man als besonders günstig an, nicht
nur, weil sie die kapitalkräftigste Vereinigung dieser Art

ist, sondern auch weil am Oberen See das Vorkommen
von hochgradigem Eisenerz nachgewiesen worden ist. Auch
die mit der Eisen- und Stahlindustrie in Verbindung
stehenden Fabrikationszweige, wie diejenigen von Maschinen
und Werkzeugen, besonders aber von Kraft- und Eisenbahnwagen sind voran gekommen.

Das Gleiche gilt von der Großmüllerei, die in der
Dominion mit etwa 800 Unternehmungen vertreten ist.
Um mit dem rasch steigenden Weizenertrag des Westens
einigermaßen Schritt zu halten, mußten jedes Jahr den
bestehenden Mühlen Anbauten und Vergrößerungen hin-
zugefügt sowie neue Anlagen errichtet werden. Auch im
Mühlenfache beherrschen einige bedeutende Gesellschaften
den Hauptteil der Erzeugung und ziehen die kleineren Betriebe, soweit noch vorhanden, rasch an sich. Wenn sich
seit 1907 die Mehlausfuhr Kanadas verdreifacht hat, so
ist diese bemerkenswerte Tatsache der Zusammenfassung
kleiner Mühlen zu größeren Gemeinschaften zu danken.
Dadurch konnten die Erstellungskosten soweit vermindert
werden, um den Wettbewerb mit der so mächtigen Großmüllerei der Union in Erwartung eines gewissen Erfolges
aufnehmen zu können. Die größte der kanadischen Gesellschaften, erst vor wenigen Jahren mit einem Kapital von
8 Millionen Dollar begründet, hat ihren Sitz in Moose
Jaw in Saskatschewan; andere ansehnliche Unternehmungen
befinden sich in Montreal, Kenora (West-Ontario), Port
Colborne usw.

Bei den westlichen Provinzen Britisch-Kolumbien und
Alberta darf nicht außer acht gelassen werden, daß der
Löwenanteil der industriellen Betätigung auf die Bergwerke entfällt. Außerdem ist zu beachten, daß die übrige
Industrie der beiden Provinzen sowie fast die ganze Industrie von Saskatschewan in der Herstellung landwirtschaftlicher Gerätschaften besteht. So bleibt als einzige
Provinz des Westens mit einer gewissen Mannigfaltigkeit
der Unternehmungen Manitoba übrig. Hier wie in den
anderen Teilen der Dominion sind die größeren Ortschaften zugleich die Hauptsitze der Industrie. Einige
Beispiele mögen dies beweisen nach dem Wert ihrer

Erzeugung und dem Verhältnis zur Gesamtheit für das
Jahr 1910.

	Mill. D.	%		Mill. D.	%
Montreal	166,29	14,3	Winnipeg	32,69	2,8
Toronto	154,30	13,2	Ottawa	20,92	1,8
Hamilton	55,12	4,7			

Diese fünf Städte enthalten fast zwei Fünftel der
kanadischen Gesamtindustrie, wobei die Städte der Provinzen
Quebec und Ontario im Vordergrunde stehen; außerdem
sind noch Orte wie Quebec, London, Vancouver und
St. John N. B. nennenswert. Aber auch kleinere Plätze sind
in gewissen Teilen des Ostens industriell tätig. Zwischen
Montreal und Toronto liegen z. B. gewerblich lebhafte
Orte wie Peterborough, Kingston, Belleville und Smith
Falls. Westlich von Hamilton hat sich ein förmlicher In-
dustriedistrikt gebildet. Außer dem schon genannten London
gehören dazu Städte wie Brantford, St. Thomas, Strat-
ford, Guelph, Dundas und die deutschen Siedelungen
Berlin, Breslau und Neu-Hamburg, wo in der Hauptsache
Knöpfe, Filz-, Gummi-, und andere Galanterieartikel ge-
macht werden. Es handelt sich also in Kanada nicht um
ein vereinzeltes Auftreten der Industrie, sondern ohne
Zweifel macht sich ein umfassender, vorwärtsstrebender
Gewerbefleiß geltend.

Der kanadische Zolltarif ist nach dem Prinzip aufge-
baut, die Rohstoffe und Halbfabrikate, deren die heimische
Industrie bedarf, frei einzulassen, die fremden Fabrikate
dagegen mit Abgaben zu belasten. Außerdem gewährt
man, um die eigene Industrie zu ermutigen und zu unter-
stützen, gewissen Zweigen Prämien (bounties), die stufen-
weise verschwinden sollen, wenn die Fabriken erstarkt sind.

Da die Trustbildung in den letzten Jahren stark um
sich gegriffen hatte, so ist vom Parlament im Jahre 1909
ein Antitrustgesetz beschlossen worden. Danach sollen unter
gewissen Voraussetzungen besondere Kommissionen eingesetzt werden, um das Verfahren der Trusts zu untersuchen und gegebenenfalls ihre Auflösung zu veranlassen.
Solche Trusts entstanden im Zementfache, in der Textilindustrie, in der Kassen- und Wagenfabrikation. In der
Textilindustrie ist die Verarbeitung von Baumwolle,

die natürlich aus den Vereinigten Staaten eingeführt wird,
weiter vorgeschritten als die von Schafwolle. Der wichtigste
Zweig aber ist das Bekleidungsgewerbe in Verbindung
mit Herstellung von Artikeln persönlichen Gebrauches wie
Hüte, Mützen, Wäsche, Schlipse, Regenschirme usw. In
diesem Fache sollen die kanadischen Erzeugnisse den deutschen und amerikanischen gleichkommen, den englischen
sogar soweit überlegen sein, daß sie in anderen englischen
Kolonien mit ihnen in erfolgreichen Wettbewerb treten.
Von der Nahrungsmittelindustrie findet sich die Herstellung von Whisky namentlich in Ontario und Quebec.
Die Bierbrauerei ist zwar allgemein verbreitet, hat aber
doch ihre Hauptsitze ebenfalls in Ontario und Quebec.
Die Tabakindustrie ist namentlich in Montreal vertreten,
das über die Hälfte der ganzen kanadischen Erzeugung
leistet. Man brauchte dazu rund 22 Millionen Pfund aus-
ländischen Rohtabak, der namentlich aus der Union kommt.
Eine sehr wichtige Sache für die kanadische Industrie sind
die Wasserkräfte. Nach den Schätzungen einer Regierungs-
kommission beträgt in der ganzen Dominion die Summe
der industriell verwertbaren Wasserkräfte mehr als
25 Millionen Pferdestärken, davon fast zwei Drittel in der
Provinz Quebec, etwa ein Achtel in Ontario und ein
Zwölftel in Britisch-Kolumbien. Von dieser riesigen Menge,
die etwa ein Drittel der Wasserkräfte der ganzen Erde darstellt, ist zurzeit kaum eine halbe Million Pferdestärken
für industrielle Zwecke in Anspruch genommen. Allerdings
befindet sich ein großer Teil der kanadischen Wasserkräfte,
und darunter gerade die reichsten, wie z. B. der auf
9 Millionen geschätzte Hamilton-Fluß, zurzeit noch ganz
in unbesiedelten und schwer zugänglichen Gegenden von
Nord-Quebec, so daß ihre Benutzung in absehbarer Zeit
nicht stattfinden wird. Die bedeutendsten und am besten
ausgebildeten Anlagen besitzt die Provinz Ontario, wo
allein am Niagara auf kanadischer Seite 450 000 Pferdestärken entwickelt werden können und zum großen Teil
auch schon zur Beleuchtung und Kraftabgabe an eine große
Anzahl von Ortschaften dienen. Außer dem Beleuchtungs-
wesen macht bisher den größten Gebrauch von Wasser-

kräften die Zellulose- und Papierfabrikation sowie die Sägemüllerei . In einer späteren Zeit wird der Wasserreichtum in vielen kohlenarmen Landesteilen das Aufkommen von Industrie möglich machen können und auch für das Verkehrswesen wichtig werden.

Obwohl sich die Einwanderung in letzter Zeit recht lebhaft gestaltet hat, so fehlt es doch noch vielfach an geschulten Arbeitskräften für Gewerbe und Industrie. Die Löhne sind daher verhältnismäßig hoch, wenn auch nicht in allen Landesteilen gleichmäßig. Im allgemeinen sind sie im Osten niedriger als im Westen und in einigen Geschäftszweigen sind die Unterschiede sehr erheblich. Die Arbeitszeit dauert in der Regel zehn Stunden; nur im Westen ist sie in mehreren Gewerken auf neun oder acht Stunden herabgesetzt. Der Stundenlohn für Schmiede z. B. wechselt nach den einzelnen Provinzen von 20 bis 30 Cents, für Zimmerleute von 17½ bis 60, ebenso für Elektrizitätsarbeiter, für Dachdecker von 20 bis 30, für Maurer von 40 bis 62.

Wie überall ist die Arbeiterschaft auch in Kanada darauf aus, die Lage der Dinge für sich auszunutzen. Sie strebt danach, die Löhne in die Höhe zu schrauben, die Arbeitszeit herabzudrücken und manche andere Vorteile zu gewinnen. Sie hat sich im Laufe der Zeit zu Verbänden oder Gewerkschaften zusammengetan, von denen sich fünf über die ganze Dominion erstrecken. Es sind 1. The Dominion Trades Congreß, eine Reihe kanadischer Vereinigungen, welche aus Vertretern der verschiedenen Organisationen aus ganz Kanada zusammengesetzt sind. 2. Die International Unions der Vereinigten Staaten, welche ihre Organisation auch über Kanada ausgedehnt haben und hier einen ansehnlichen Einfluß ausüben. 3. Die Knights of Labour mit dem Sitze in Washington. 4. Die American Federation of Labour, die größte Arbeiterorganisation in Amerika. Ihre inneren Einrichtungen sind denen der Dominion Trades Congreß ähnlich. Sie haben mehrere neue Organisationen in Kanada hervorgerufen. 5. United Wage Earners of Canada, eine ziemlich weitverbreitete Organisation. Daneben bestehen noch zwei bedeutende

Lokalvereinigungen von Minenarbeitern: die Western
Federation of Miners in Britisch-Kolumbien und die
Provincial Workmens Association in Neuschottland.

Die Verbände der Arbeiterschaft streben neuerdings
danach, Einfluß in den Parlamenten zu gewinnen.
Wenn dieser auch noch nicht groß ist, so haben sie doch im
Jahre 1911 diejenigen Forderungen aufgestellt, deren Ver-
wirklichung sie mittels der Bundesgesetzgebung durchzu-
setzen wünschen. Die wichtigsten unter diesen Forderungen
sind achtstündige Arbeitszeit, behördliche Gewerbeinspektion,
Aufstellung eines Minimallohnes, Abschaffung des Ober-
hauses, Abschaffung der chinesischen Einwanderung, Abschaffung der Arbeit von Kindern unter 14 Jahren, Abschaffung der Frauenarbeit in allen Fabriken, freiwilliges
Schiedsgericht bei Arbeitsstreitigkeiten, Verbot des Wett-
bewerbs von Gefängnisarbeit, Schulzwang und unent-
geltlicher Unterricht. Man beachte, daß unter den Forderungen der Arbeiterschaft solche Einrichtungen fehlen, die
in Deutschland seit längeren Zeit eingeführt sind wie Ver-
sicherungen gegen Unfall, Krankheit usw. Nur in der Provinz Ontario besteht eine Art Unfallversicherung.

Dagegen besitzt Kanada in der Industrial Disputes
Investigation Act seit 1907 eine Einrichtung, die man
in keinem anderen Lande findet. Der wesentliche Inhalt
des betreffenden Gesetzes ist folgender. Wenn im Bergbau,
dem Verkehrs-, Nachrichten- und Transportwesen sowie
in der Gas-, Wasser- und Kraftversorgung bei Betrieben
von mehr als zehn Arbeitern Streitigkeiten zwischen dem
Unternehmer und der Arbeiterschaft entstehen, so fordert
jede Partei von dem Ministerium die Einsetzung eines
Untersuchungsausschusses, dem die Befugnisse eines Ge-
richtshofes in dem Sinne zustehen, daß er die Parteien
und etwaige Zeugen eidlich vernimmt, Geschäftsbücher
einsehen und Ermittelungen aller Art vornehmen kann.
Die Verhandlungen selbst sind öffentlich und nur in bezug
auf Fabrikationsgeheimnisse wird die Öffentlichkeit ausgeschlossen. Die vorgeladenen Personen müssen bei Geld-
strafe erscheinen. Während der Verhandlungen des Aus-
schusses sind Streikbewegungen und Streikandrohungen

River Street West in Moose Jaw (Saskatschewan)

bei hohen Geldstrafen verboten. Die Regierung hat das
Recht, jede Übertretung des Gesetzes aus sich selbst zu ver-
folgen; sie muß es tun, sobald eine der Parteien es verlangt. Man erkennt an, daß dieses eigenartige Gesetz viel
zur Aufrechterhaltung des wirtschaftlichen Friedens beigetragen hat, denn während der Dauer des Gesetzes haben
nur wenig Streiks und Aussperrungen von längerer Dauer
stattgefunden, da eben die meisten Streitigkeiten durch die
Tätigkeit des Verhandlungsausschusses beigelegt wurden.
Anderseits werden aus Arbeiterkreisen manche Einwen-
dungen gegen seine Wirksamkeit erhoben.

12. Verkehrswesen.

Ein Land mit solch ungeheuren Entfernungen, wie sie
die Dominion aufweist, bedarf zu seiner Gesamtentwick-
lung ein System zuverlässiger und rasch wirkender Verkehrsmittel. Diese bilden die Grundlage nicht nur für
die wirtschaftlichen Fortschritte, sondern auch für die Gestaltung des gesellschaftlichen und politischen Lebens. Wie
soll eine einheitliche Regierung nach neuzeitlichen Grundsätzen geführt werden, wenn die Mitglieder des Parlaments
sich ohne allzu großen Zeitverlust jährlich nicht mindestens
einmal in der Hauptstadt versammeln können? Wie soll
sich ein gemeinsamer Volksgeist bilden, wenn die verschiedenen Bestandteile nicht in gegenseitige persönliche
Berührung treten? Mehrere Tausende von Kilometern
liegen zwischen dem Osten und Westen, die ohne Eisenbahn
nur in Monaten überwunden werden könnten.

Für das Entstehen und das Bestehen eines Staates
und eines Volkes ist die Eisenbahn in Kanada ebenso
wichtig wie in den Vereinigten Staaten. Und wenn das
Fortschreiten der Dominion später und langsamer erfolgt
ist, als in der Union, so liegt einer der Hauptgründe in der
später und weniger tatkräftig betriebenen Schaffung dieses
unumgänglich notwendigen Verkehrsmittels. Die Gründe
dieser Mängel liegen nicht nur in der soviel geringeren
Einwohnerzahl und Kapitalkraft, sondern auch in besonderen
Verhältnissen, namentlich in dem Mangel an Eisen und

der Spärlichkeit der Kohlen. Der Bau von Eisenbahnen hat in Kanada, von Einzelheiten abgesehen, erst
nach Mitte des vorigen Jahrhundert eingesetzt und ist bis
in die 1880er Jahre auf den Osten beschränkt geblieben.
Während in der Union die erste Überlandbahn bereits im
Jahre 1869 in Betrieb genommen wurde, geschah dies in
der Dominion erst siebzehn Jahre später. Seitdem hat sich
ihr Eisenbahnwesen lebhafter als vorher entfaltet, in der
Weise, daß sie zur Zeit an zweiter Stelle unter allen Ländern
Amerikas steht, natürlich außerordentlich weit hinter der
Union zurückbleibt. Während Kanada im Jahre 1860 nur
3304 km Schienenwege hatte, verfügte es im Jahre 1912
über 43 175 km, allerdings auf einem Raume ungefähr
so groß wie der Erdteil Europa. Der genannte Betrag verteilte sich auf die einzelnen Landesteile in folgender Weise:

	km	%		km	%
Ontario	13750	31,9	Britisch-Kolumbien	2985	6,9
Quebec	6246	14,5	Neubraunschweig	2486	5,7
Saskatschewan	6040	14,0	Neuschottland	2183	5,0
Manitoba	5664	13,2	Prinz Edwards-Insf.	437	1,0
Alberta	3250	7,5	Yukon Territorium	134	0,3

Somit entfallen auf den Osten 58,2, auf den Westen
41,8 %, für letzteren eine beachtenswerte Stellung, wenn
man bedenkt, daß hier die Eisenbahn erst vor 30 Jahren
eingedrungen ist. Wenn man die unbesiedelten Gebiete
ausschaltet, so ist das kanadische Netz am dichtesten in der
nach Südwest vorgestreckten Seenhalbinsel der Provinz
Ontario, die sich darin durchaus mit manchen Teilen
Mitteleuropas vergleichen kann. Gleich darauf folgen die
besiedelten Teile von Manitoba und Saskatschewan.

Das Anlagekapital des kanadischen Bahnnetzes berechnet
sich für 1912 auf 1589 Millionen Dollar, der Rohertrag auf
219, der Reinertrag auf rund 68 Millionen Dollar, was
einer Verzinsung von 4,3 % entspricht. Zurückgelegt
wurden 161 Millionen Kilometer, befördert 41 Millionen
Personen und 89,4 Millionen Tonnen Fracht. Der Bund
selbst besitzt 2770 km Schienenwege; alle übrigen sind von
Privatgesellschaften erbaut und betrieben, allerdings
mit Hilfe von Kapitalzuschuß, Zinsgarantie, Landzu-
weisung u. dergl. von Seiten der Dominion und der Pro-

vinzen. Der Gesamtbetrag der Landzuweisungen machte
bis 1912 die ausgedehnte Fläche von rund 224 210 qkm
aus, also etwa zwei Drittel des Königreichs Preußen,
davon 127 456 qkm von der Zentralregierung, der Rest
von einigen Provinzen, namentlich von Quebec und
Britisch-Kolumbien. Unter den kanadischen Eisenbahngesellschaften, deren es mehr als hundert gibt, sind nur
drei von größerer Bedeutung sowohl für den Verkehr als
für die Besiedelung, nämlich die Canadian Pacific Railway,
C. P. R., mit 17 249, die Canadian Northern mit 6878
und die Grand Trunk mit 4997 km. Die Intercolonial mit
einer Schienenlänge von 2355 km befindet sich im Besitze
des Bundes.

Die Anlage der ersten Überlandbahn, auf der die
rasche und teilweise glänzende Entwicklung des Landes
mit beruht, wurde unter dem Drucke einer politischen
Notwendigkeit verwirklicht. Als nämlich nach Errichtung
der Dominion im Jahre 1867 das Britisch-Kolumbien,
das damals eine selbständige Kronkolonie war, an die
Dominion als ein unbedingt notwendiges Glied ange-
schlossen werden sollte, forderte dieses als Hauptbedingung
für die Preisgabe seiner bisherigen Selbständigkeit, daß
eine große Überlandbahn geschaffen werde, um den Westen
mit dem Osten zu verbinden. Aber da das ganze weite
Gebiet vom Huronsee bis an die Westküste, eine Querstrecke
von etwa 2500 km, so gut wie unbesiedelt war und ferner
da die finanziellen Hilfsmittel schwer flossen, vergingen
einige Jahre, bis die kanadische Regierung Hand an das
durchaus notwendige Werk legte. Im Jahre 1875 fing sie,
sowohl im Osten wie im Westen, an zu bauen, kam aber
nur sehr langsam vorwärts. In fünf Jahren hatte man
erst die 720 km lange Strecke vom Oberen See bis zu der
Stadt Winnipeg und die 340 km große Abteilung von
Burrard Inlet an der Westküste bis Kamloop's Lake in
Angriff genommen, als sich die Bundesregierung aus verschiedenen Gründen entschloß, den Weiterbau und die
Vollendung dem privaten Unternehmungsgeiste zu überlassen. Im Jahre 1881 wurde die Canadian Pacific
Railway Company begründet, welche sich der Bundes-

regierung gegenüber verpflichtete, die noch übrigen 3072 km
binnen zehn Jahren fertigzustellen und die ganze Linie
in Betrieb zu nehmen, wobei sie außer einigen wertvollen
Vorrechten und Freiheiten 25 Millionen Dollar in Gold
und reichlich 100 000 qkm Landbesitz zugebilligt erhielt.
Außerdem sollte die Regierung die von ihr angefangenen
zwei Strecken fertig bauen wie auch die Anschlußlinie von
Winnipeg bis zur Unionsgrenze. Die ganze Bahn sollte
nach ihrer Vollendung Eigentum der Gesellschaft sein.
Die neue Gesellschaft begann nun das große Werk von den
verschiedenen Seiten aus so planmäßig und tatkräftig zu
fördern, daß bereits am 7. November 1885 die letzte Schiene
der Hauptlinie gelegt werden konnte. Unabhängige Verbindungen mit der Ostküste wurden durch den Ankauf
älterer Bahnen bis nach Montreal und Quebec hin gewonnen, Zweiglinien nach den Haupthandelsplätzen teils
durch Ankauf oder Verträge, teils durch Eigenbau beschafft,
auch wurden solche nach Norden hin angelegt. Ende 1886
besaß die C. P. R. bereits 6904 km Eisenbahnen, davon
die Hauptlinie von Quebec bis zur Westküste 4880 km lang.
Vom Jahre 1886 hat auf dieser und ihren Verzweigungen
der Betrieb unausgesetzt stattgefunden.

Zweifellos hat die Überlandbahn der C. P. R. trotz
mancher Mängel die an sie geknüpfte Erwartung hinsichtlich der politischen und wirtschaftlichen Fortschritte des
Landes im wesentlichen erfüllt. Der augenfälligste Beweis
für ihre erfolgreiche Tätigkeit findet sich in der Tatsache aus-
gesprochen, daß der Bahn entlang zahlreiche blühende Orte
entstanden sind, darunter Winnipeg und Vancouver, jeder
mit mehr als 100 000 Einwohnern, ferner daß die Prärie
eines der ergiebigsten Weizengebiete der Erde geworden und
daß die herrliche Gebirgswelt des Westens erschlossen worden
ist. Zudem ist die Hauptlinie der C. P. R. ein wichtiges
Glied in der Kette des Weltverkehrs, da sie nicht nur
die vereinsstaatlichen Überlandbahnen entlastet, sondern
teilweise auch schnellere und angenehmere Reisen als diese
ermöglicht, namentlich seitdem, meist von ihr, Schiffsverbindungen mit neuzeitlichen Einrichtungen geschaffen
worden sind. Überall, wo es notwendig oder wünschenswert

erschien, schuf sie Anlagen zur Unterkunft, Bewirtung und geselligen Unterhaltung der Reisenden. Sie ist wohl die größte Hotelbesitzerin in Kanada. Von ihrem Landeigentum war bereits die Rede. In den reichlich 30 Jahren seit Vollendung der Hauptlinie hat die C. P. R. ihr Netz wesentlich erweitert und vervollkommnet, namentlich das rollende Material auf die Höhe der Zeit gebracht und für gute Bahnhöfe Sorge getragen. Auch betreibt sie, wie auch die übrigen größeren Eisenbahngesellschaften, einen wichtigen Teil des telegraphischen Dienstes. In neuerer Zeit hat sich die Hauptaufmerksamkeit des In- und Auslandes auf die zweite Überlandbahn oder die Grand Trunk gerichtet, welche teils von der Regierung selbst teils mit ihrer Unterstützung gebaut wird und demnächst ihrer Vollendung entgegengeht. Bereits seit 1911 ist die Strecke Winnipeg-Edmonton in regelmäßigem Betriebe und die Abteilung von Winnipeg nach Quebec mit Ausnahme einiger Unterbrechungen betriebsfähig. Westlich von Edmonton wurde zu Anfang des Winters 1911 in den Felsengebirgen die Wasserscheide am Red Paß, der in das Quellgebiet des Fraser führt, überschritten und von Prinz Rupert, dem pazifischen Endpunkte der Bahn aus, werden einige hundert Kilometer in östlicher Richtung befahren (bis Fraser Lake). Auf der Zwischenstrecke von da bis zu den Felsengebirgen, schreitet jedoch der Bau nur langsam vor, da sich nicht nur Klima- und Geländeschwierigkeiten ungewöhnlicher Art hinderlich erweisen, sondern auch durch Streiks und andere Unruhen häufige Unterbrechungen der Arbeit hervorgerufen werden. Die große Bedeutung der Grand Trunk Überlandbahn beruht einmal darauf, daß sie ganz auf kanadischem Boden verläuft, was bei der C. P. R. insofern nicht der Fall ist, als sie von St. John N. B. durch den Staat Maine der Union schneidet. Sodann aber verspricht sie dadurch ungemein wichtige Dienste zu leisten, daß sie bisher noch unbesiedelte Teile der Provinzen Quebec, Ontario und Britisch-Kolumbien vollständig erschließt. Außerdem stellte sie für die mittleren Abschnitte der drei Prärieprovinzen einen unmittelbaren und bequemen Zugang zum Stillen Ozean dar und kann namentlich seit

Eröffnung des Panamakanals die billige Abfuhr ihrer Erzeugnisse ermöglichen. Für das mittlere Ontario, in der Gegend des 50. Parallels, kommt auch noch der Umstand in Betracht, daß hier der Boden als sehr fruchtbar gilt und zwar in einem Umfange von etwa 48 000 qkm, während die Hauptlinie der C. P. R., die bisher einzige Vermittlerin zwischen dem Osten und der Mitte der Dominion, durch felsiges, waldiges und außerordentlich wasserreiches Land hindurch geht, das nur an wenigen Stellen für Besiedelung geeignet ist und daher für lange Zeit eine dünne Bevölkerung haben wird. Die neu erschlossenen Landstriche werden somit die bisher fehlende Gleichmäßigkeit der Besiedelung zwischen dem Osten und der Mitte herzustellen berufen sein.

Im Anschluß an die Hauptlinie der Grand Trunk sind mehrere Strecken in den Provinzen Saskatschewan, Alberta und Britisch-Kolumbien teils schon in der Ausführung begriffen, teils erst geplant. Diese sollen die nördlichen Gegenden der beiden Prärieprovinzen neu erschließen und das ganze Innere von Britisch-Kolumbien zwischen den beiden Überlandbahnen durchqueren, so soll z. B. eine Abteilung von Fort George, an dem Winkel des Fraserlaufes, meist diesem entlang, nach der Stadt Vancouver, eine Querabteilung im Süden des Britisch-Kolumbien und ein Schienenweg durch die Insel Vancouver von der Stadt Victoria bis an die Nordspitze gelegt werden. Der Plan der Überbrückung der Seymour Narrows zwischen der Insel Vancouver und dem Festland bleibt späterer Zeit vorbehalten. In Alberta erreicht eine Linie Athapaska Landing; sie soll von da nach dem Kleinen Sklavensee und weiterhin später nach dem Peace River verlängert werden.

Seit einiger Zeit arbeitet man an der Erstellung einer dritten Überlandbahn, dadurch, daß einzelne bereits vorhandene Strecken der Canadian Northan ergänzt werden zu einer Linie, welche Quebec mit Port Mann in Britisch-Kolumbien verbindet. Auch an der Hudsonbaybahn, welche sich an die nördlichen Ausläufer der Netze von Manitoba und Saskatschewan anschließt, hat man angefangen, Vorbereitungen zu treffen. Für einen großen Teil der Binnen-

lanbschaften würde diese Strecke eine bedeutende Ab=
kürzung zur Erreichung des Meeres bedeuten und die Abfuhr
des Getreides nach Europa billiger gestalten. Als Endpunkt
der Hudsonbaybahn ist Fort Churchill an der Mündung
des gleichnamigen Flusses in Aussicht genommen, außerdem
soll eine Abzweigung gebaut werden, die die Hudsonbay
bei Port Nelson, also etwas südlicher von Fort Churchill,
erreicht. Obgleich gegenwärtig wegen der Eisverhältnisse
der Schiffsverkehr aus der Hudsonbay durch die Hudson=
straße nur in vier Monaten des Sommerhalbjahres stattzu=
finden pflegt, so hofft man doch durch Verwendung ge=
eigneter Fahrzeuge den Betrieb länger aufrecht erhalten
zu können.

Wenn zurzeit das Bahnnetz noch unzureichend ist, so
hört man auch klagen über den Betrieb selbst. Die Bahnen
sind, wie gezeigt wurde, zum größten Teile im Besitze von
Gesellschaften, die daraus den möglichsten Gewinn heraus=
zuschlagen trachten. Obwohl die Regierung weitgehende
Unterstützung gewährt, so hat sie es weder in der Hand,
eine folgerichtige Tarifpolitik durchzuführen noch auf die
Erbauung der Schienenwege, namentlich auf deren gleich=
mäßige geographische Verteilung ausreichenden Einfluß
auszuüben. Es fällt z. B. auf, daß, namentlich in den dünn
bevölkerten Binnenprovinzen, viele noch recht unbedeutende
Orte zwei und mehr Verbindungen durch konkurrierende
Gesellschaften haben, während anderwärts blühende und
ansehnliche Plätze ohne Bahn sind. Ferner beobachtet
man, daß manche Strecken verschiedener Gesellschaften in
geringer Entfernung einander parallel laufen, obwohl eine
den Verkehr vollständig bewältigen könnte. Trotz dieses
unverständigen Wettbewerbes sind die Tarife unverhältnis=
mäßig hoch, ein Übelstand, unter dem manche Zweige der
heimischen Industrie schwer zu leiden haben.

Für den Binnenverkehr mit Schiffen bietet Kanada
ungleichartige Voraussetzungen. Während er im Westen
wegen der unregelmäßigen Gestaltung der Gebirgsflüsse,
im Norden wegen der langdauernden Kälte und der zahl=
losen Stromschnellen ungemein beschränkt, vielfach ganz

ausgeschlossen ist, bietet sich im Osten durch den St. Lorenzstrom die großartigste Wasserstraße der Welt, die aus der
offenen See bis tief in den Kontinent hineinreicht. Von
der Belle Isle-Straße bei Neufundland, bis zum Westende
des Oberen Sees bei Duluth erstreckt sich eine Wasserbahn
von 3837 km Länge, die allerdings ursprünglich nicht überall brauchbar war, sondern erst durch sorgfältige Arbeiten dazu
gemacht werden mußte, jetzt aber doch bis zu einem gewissen Grade leistungsfähig ist. Da durch Zurichtung be-
stimmter Teile der Lorenzstrom bis nach Montreal von großen
Seeschiffen benutzt wird, so bleibt für die Binnenschiffahrt
die lange Bahn von Montreal bis nach den großen Seen
übrig. Die Entfernung von genannter Stadt bis Fort
William beträgt rund 1970, bis Duluth 2010, bis Chicago
2060 km.

Die bisher erbauten künstlichen Wasserstraßen
können nur als geringfügige Ergänzungen und Ver-
besserungen an den natürlichen Wasserstraßen betrachtet
werden; es bleibt noch das Meiste zu tun übrig. Im
Gegensatz zum Eisenbahnwesen ist die Ausgestaltung der
Wasserwege von jeher durch Fürsorge und auf Kosten des
Bundes geschehen. 391 km Kanäle stehen gegenwärtig in
Betrieb, von denen zwei Drittel auf den durch die Provinz
Ontario laufenden Trentkanal entfallen. Diese Kanäle
erforderten ein Anlagekapital von mehr als 400 Millionen
Mark, der Betrieb kostet jährlich knapp 6 Millionen Mark.
Die Leistungen sind im Verhältnis zu den Kosten recht bescheiden. Über die Erweiterung des vorhandenen Kanal-
netzes bestehen mehrere einander bekämpfende Ansichten.
Die eine Partei wünscht die Verbindung des Ottawaflusses
mit der Georgianbay des Huronsees, die andere verlangt
die Erweiterung und Vertiefung der Seitenkanäle der
Stromschnellen des Niagara, also des Wellandkanals. Die
erstgenannte Strecke würde eine gerade Linie von Montreal
nach dem Huronsee darstellen und namentlich für die Abfuhr des in den Prärieprovinzen gewonnenen Getreides
wichtig sein. Die andere Frage kommt namentlich für den
Verkehr mit den Vereinigten Staaten in Betracht. Wahrscheinlich wird die Regierung beide Wünsche erfüllen, aber

bei den hohen Kosten wird die Durchführung noch geraume
Zeit auf sich warten lassen.

Der Gesamtverkehr auf sämtlichen Kanälen und den
dadurch verbundenen natürlichen Wasserwegen betrug im
Jahre 1912 47,58 Millionen Tonnen gegen 38,0 im Vorjahre. An der Leistung des erstgenannten Jahres entfielen
39,67 auf den Sault Ste. Marie, 3,48 auf den St. Lorenz,
2,85 auf den Welland, der kleine Rest auf die übrigen
Strecken. Die Hauptmaße der befördernden Waren bestand
in Minenerzeugnissen und kam den Vereinigten Staaten
zu gute. Bis auf weiteres verläuft der weitaus wichtigste
Binnenschiffahrtsweg in der Dominion folgender-
maßen. Von Montreal bis zum Ontariosee benutzen die
Schiffe den Lorenzstrom mit den die Stromschnellen um-
gehenden Seitenkanälen. Aus dem Ontariosee gelangen
sie mittels des Wellandkanals in den Eriesee, aus diesem
durch den Detroitfluß, den St. Clairesee und Fluß in den
Huronsee, aus diesem endlich durch den Schleusenkanal bei
Sault Ste. Marie in den Oberen See.

Der überseeische Schiffsverkehr in kanadischen
Häfen belief sich im Jahre 1912 ein- und ausgehend auf
24,59 Millionen Tonnen, davon entfielen 54 % auf britische,
19 auf kanadische und 27 auf fremde Fahrzeuge. Unter
den letzteren standen die der Vereinigten Staaten in erster
Linie; in weiter Entfernung folgten norwegische und
japanische, sodann deutsche, französische und dänische. Die
besuchtesten Häfen der Dominion liegen im Westen: Vancouver und Victoria, je 15 % des Gesamtverkehrs; nahe
kommen ihnen Montreal und Halifax, weiterhin folgen
Quebec und St. John. Wesentlich tiefer stehen Sydney,
Nanaimo, North Sidney, Prince Rupert, Louisburg u. a. An
eine Reihe von Schiffsgesellschaften zahlt die kanadische
Regierung beträchtliche Summen als Unterstützung
und für Postbeförderung, insgesamt rund 8 Millionen Mark.
Den größten Betrag erhält die britische Allan-Linie, die
ihrerseits mit der Canadian Pacific-Gesellschaft einen
Unterkontrakt geschlossen hat, für die Verbindung zwischen
Großbritannien und Kanada. Insgesamt sind acht Dampfer
von 6000—8000 R.-T. mit einer Geschwindigkeit von

15 bis 18½ Knoten in Tätigkeit. Kleinere subventio-
nierte Linien gehen von Manchester, Liverpool, Glasgow,
London und Neufundland nach der Dominion. Unter-
stützungen erhalten ferner Gesellschaften für den Verkehr
Kanadas mit Neuseeland, Südafrika, Ostasien, Frankreich
und Mexiko (an beiden Küsten).

13. Außenhandel und Zollwesen.

Kanadas Außenhandel hat sich in dem Zeitraume
1871—1912 verfünffacht. Im letztgenannten Jahre machte
er 874,6 Millionen Dollar oder rund 3673 Millionen Mark
aus. Die Einfuhr war stets höher als die Ausfuhr; 1912
betrug erstere 559,3, letztere 315,3 Millionen Dollar, ihr
gegenseitiges Verhältnis stand also wie 16 : 9, für ein Kolonialland mit vorherrschender Roherzeugung nicht sehr
günstig. Im Jahre 1913, wo der gesamte Außenhandel die
Summe von 1085,2 Millionen Dollar ergab, war es um
eine ganze Kleinigkeit günstiger.

In der Hauptsache vollzieht sich Kanadas Warenaus-
tausch mit den Erdteilen Amerika und Europa, von denen
ersterer reichlich drei Fünftel, letzterer mehr als ein Drittel
des Gesamtumschlages in Anspruch nimmt. Der kleine
Rest entfällt auf die übrigen Erdteile. In diesen sind es,
mit Ausnahme von Japan und höchstens noch von China,
nur britische Besitzungen, mit denen Kanada nennenswerte
Beziehungen unterhält. Von Einzelgebieten sind die Vereinigten Staaten und Großbritannien die weitaus wichtigsten;
die Vereinigten Staaten mit 56, das Mutterland mit
31 % des Gesamthandels. In zweiter Linie, aber in weitem
Abstande, sind Deutschland und Frankreich mit annähernd
gleicher Wertsumme, jedes mit 1,7 % des Gesamthandels
zu nennen. Mit niedrigeren Beträgen kommen Westindien, Belgien, Neufundland, Britisch-Guiana und
Argentinien in Frage. Das Verhältnis zwischen Ein- und
Ausfuhr entspricht im allgemeinen dem Gesamtcharakter,
erleidet aber auch in einzelnen Fällen Ausnahmen. Bei
den Hauptverkehrsländern überwiegt abgesehen von Großbritannien die Einfuhr, wenn auch bei den einzelnen in

verschiedenem Grade; bei Frankreich macht sie 85, bei den
Vereinigten Staaten 79, bei Deutschland 74 % des gegen-
seitigen Warenaustausches aus, bei der Schweiz sogar
fast 100 %. Sonstige vorwiegende Einfuhrländer sind
Britisch-Guiana, Indien, Brasilien, Westindien, Japan,
China u. a. Die Ausfuhr herrscht vor bei Großbritannien,
Australien, Britisch-Südafrika, Neufundland, Kuba, Por-
torico, Rußland usw.

Die offizielle Statistik ordnet sämtliche Einzelwaren zu
sieben Gruppen an, die für das Jahr 1912 nach Wert
und Verhältnis aufgeführt sind.

	Ausfuhr		Einfuhr	
	Mill. Doll.	%	Mill Doll.	%
Landwirtschaftliche Erzeugnisse	107,14	37,0	43,94	8,0
Tiere und Erzeugnisse	48,21	16,6	29,50	5,4
Fischerei-Erzeugnisse	16,70	5,7	2,41	0,5
Forst-Erzeugnisse	40,89	14,1	15,20	3,0
Industrie-Erzeugnisse	35,83	12,4	348,50	63,4
Mineralische Erzeugnisse	41,32	14,2	54,93	10,0
Verschiedenes	0,11	0,0	52,99	9,7
zusammen:	290,20	100,0	547,47	100,0

Somit liefert die Rohgewinnung sieben Achtel der Ausfuhr, während von der Einfuhr doch wohl mehr als zwei
Drittel aus Fabrikaten bestehen, denn in der Gruppe
„Verschiedenes“ befinden sich mancherlei Industrieerzeugnisse. Ein Zehntel der Einfuhr machen mineralische Erzeugnisse aus, namentlich Kohle und Eisenerz, die das Land
nicht in genügender Menge hervorbringt. Der Haupt-
lieferant von beiden ist die Union.

Von den einzelnen Gruppen der Ausfuhr ist die
der landwirtschaftlichen Erzeugnisse die wichtigste, und
zugleich diejenige, die sich in letzter Zeit besonders
lebhaft entwickelt hat, seit 1908 um reichlich 61 %;
die Hauptposten sind Weizen (1912: 62,6 Millionen Dollar),
Weizenmehl (16,0), Heu, frische Äpfel, Hafer, Flachssaat,
Kleie und Gerste. Von den übrigen Gruppen weisen die
tierische und die Waldausbeute seit 1908 Rückgang, die
mineralische, die Fischerei und die Industrie Fortschritte
auf. Bei der tierischen Gruppe, die sich von 55 auf 48 Millionen Dollar oder fast um ein Zehntel vermindert hat, steht

Käse nach wie vor weitaus an erster Stelle, wenn auch mit
geringerem Betrage als früher. Die übrigen wichtigeren
Artikel sind Speck, Häute, Schlachtvieh (Rinder), Pelze und
Butter. Speck und Schlachtvieh haben in der Ausfuhr nach-
gelassen, die übrigen Gegenstände eine Zunahme erfahren.
Die Hauptposten der Fischereiausfuhr sind Dorsch in verschiedenen Zubereitungen, Lachs, Hummer und Fischöl
sowie frische Fische ohne Unterscheidung der Art, mit Ausnahme der letzteren, alle in reger Zunahme begriffen. Die
Ausfuhr der Waldausbeute sank von 1910 bis 1912 von
47,5 auf 40,9 Millionen Dollar. Die erste Stelle haben
darin Bretter und Planken (ungefähr die Hälfte des Ge-
samtbetrages); an zweiter Stelle folgen Dielen, weiterhin
Holz für Papierfabrikation, Schindeln, Holzstämme usw.
Unter den mineralischen Erzeugnissen hat Silber die Führung
mit drei Siebenteln der Gesamtheit; in zweiter Linie
kommen Kohlen, Kupfer und Goldquarz, in dritter Nickel
und Asbest. Die Industrie bringt keinen großen Artikel
auf den Markt. Der verhältnismäßig wertvollste ist Holzstoff, der strenggenommen zur Waldausbeute gehört. Von
den übrigen „manufactures" liefert Druckpapier eine Summe
von reichlich 3 Millionen Dollar, die anderen bleiben mehr
oder weniger weit hinter diesem Betrage zurück; bis herab
auf eine halbe Million Dollar sind es Eisen- und Stahlwaren, Lederwaren, Automobile, Aluminium, Werg,
Drogen, Erntemaschinen, Nähmaschinen, Pflüge, Whisky
und Ölkuchen.

Großbritannien ist der Hauptabnehmer für Kanadas
Getreide, Schlachtvieh, Käse, Speck, Mehl, Lachs und
Äpfel. Die Vereinigten Staaten kaufen vornehmlich
Mineralien, Bau- und sonstiges Holz und Papier. Deutsch-
land übernahm 1911 Waren für 2,66, 1912 für 3,81 Mil-
lionen Dollar; die wichtigsten derselben waren Weizen,
Kleie und landwirtschaftliche Geräte, außerdem Silber,
Lachs, Hummer, Äpfel, Gras- und Kleesamen sowie Pelze.

Bei der Betrachtung der Einfuhr soll zunächst festgestellt werden, welche Beträge Großbritannien und die
Vereinigten Staaten im Verhältnis zur Gesamtheit der
übrigen Länder für sich beanspruchen.

	Großbritannien	Verein. Staat.	Übrige Länd.
	%	%	%
Landwirtschaftliche Erzeugnisse	7,4	76,7	15,9
Tiere und tierische „	12,6	56,8	30,6
Fischerei-Erzeugnisse	9,2	31,3	59,5
Forst-Erzeugnisse	0,5	98,9	0,5
Industrie-Erzeugnisse	28,4	57,6	14,0
Mineralische Erzeugnisse	3,4	92,2	·4,4
Vermischtes	16,3	72,3	11,4

Mit Ausnahme der unerheblichen Fischereieinfuhr haben somit die Vereinigten Staaten in allen Gruppen das Übergewicht, in der mineralischen und forstlichen sogar eine Art Alleinherrschaft. Unter den Abteilungen der Industrieeinfuhr stehen Eisen- und Stahlwaren an erster Stelle mit einer Summe von 91 Millionen Dollar; davon leisten, soweit es sich um zollpflichtige Gegenstände handelt, die Vereinigten Staaten 71,8, Großbritannien 10,0 und Deutschland 1,1 Millionen Dollar; aus letzterem kamen Maschinen, Draht, Röhrenmaterial, Lampen, Träger, Winkeleisen, Schlittschuhe u. a. Das Textilfach ist mit rund 57 Millionen Dollar vertreten, davon 24,5 Wollwaren, 21,3 Baumwollwaren, 7,0 Seidenwaren usw. Von den Wollwaren kommen sieben Achtel des Wertes aus Großbritannien, von Waren im Werte von 50 000 Dollar und mehr sandte Deutschland Kasimirs, Strickwaren, Socken und Strümpfe, Garne, Stoffe, fertige Frauenkleider, sonstige fertige Kleidungsstücke, Teppiche usw., insgesamt für 785 399 Dollar, etwas weniger als im Vorjahre. Von Baumwollwaren führt Großbritannien für 13,0, die Union für 5,6 und Deutschland für 0,73 Millionen Dollar ein, letzteres namentlich Socken und Strümpfe sowie Besatzartikel. Im Seidenfache steht Großbritannien mit drei Siebentel der Einfuhr an erster Stelle, es folgen Frankreich und die Union, weit hinter diesen Deutschland mit 240 000 Dollar für Stoffe, Socken und Strümpfe, Samt und Plüsch.

Der Zollschutz Kanadas, der auf dem Prinzip der Wertzölle beruht, kommt in drei verschiedenen Formen zur Anwendung: einem Vorzugstarif für englische Waren, einem Mitteltarif für Vertragsstaaten und einem Generaltarif für solche Länder, die einen Handelsvertrag mit

Kanada nicht abgeschlossen haben. Seit 1907 steht dem
Bunde die Befugnis zu, seine Handelspolitik selbständig
von der Londoner Regierung zu bestimmen, und davon hat
er mehrfach Gebrauch gemacht. So wurden seit 1910 Verträge mit Frankreich, Italien, Belgien und den Nieder-
landen geschlossen und diesen die Bestimmungen des Mittel-
tarifs zugestanden. Ferner ging man daran, das Verhältnis
zu den Vereinigten Staaten zu regeln. Nach längeren
Verhandlungen wurde 1911 ein Vertragsentwurf aufgestellt, der zwar von der Unionsregierung angenommen,
von der Mehrheit des Kanadischen Parlaments aber ab-
gelehnt wurde. Unter den gegenwärtigen Verhältnissen
ist an eine Änderung der Lage nicht zu denken, da die ver-
tragsfeindlichen Konservativen in Kanada am Ruder sind.
So ist die eigenartige Tatsache vorhanden, daß die Dominion
mit der Union, ihrem größten Lieferanten und zweitgrößten
Abnehmer keinen Handelsvertrag hat und auf ihre Einfuhr
die Sätze des Generaltarifs anwendet. In einer ähnlichen
Lage befand sich auch Deutschland. Nach dem bis 1910
ein Zollkrieg bestanden hatte, bei dem Kanada die deutsche
Einfuhr mit einem Zollzuschlag von 33½ % belegte, trat
ein Provisorium ein, indem Kanada den Zuschlag fallen
ließ und die Sätze des Generaltarifs gewährte, während
Deutschland auf 25 der wichtigsten Artikel die Sätze der
Meistbegünstigung einräumte. Bemühungen, ein engeres
Verhältnis zwischen beiden Ländern zustande zu bringen,
sind bis 1914 erfolglos gewesen.

Neuerdings hatte der Bund zwei Einrichtungen ins
Leben gerufen, die sich mit dem Studium der auswärtigen Länder und ihrer Handelsverhältnisse
befassen. Zu letzterem Zwecke waren in den wichtigeren
Ländern Trade Commissioners eingesetzt worden, mit der
Aufgabe, die Absatzmöglichkeiten für kanadische Erzeugnisse
zu prüfen, mit kaufmännischen Firmen, die sich damit ab-
geben, in Verbindung zu treten und den heimischen Fabri-
kanten und Exporteuren alle wünschenswerten Nachrichten
und Auskünfte zu vermitteln. Neben diesen Trade Commissioners waren in englischen Kolonien und in weniger
wichtiger Ländern Handelsagenten eingesetzt worden. Aber

die Ergebnisse, welche man sich von diesen Einrichtungen
versprach, schienen nicht in dem erwarteten Umfange ein=
getreten zu sein oder wenigstens nicht den damit verbundenen
hohen Kosten zu entsprechen. Die erstgenannte der oben
erwähnten Einrichtungen, das Studium der Produktions=
verhältnisse betreffend, ist seit längerer Zeit erörtert worden.
Als Ansporn dazu dienen die bei den Vertragsverhand=
lungen mit den Vereinigten Staaten hervorgetretenen
Mißstände. Während nämlich die amerikanischen Unter=
händler über alle Produktions= und Absatzverhältnisse
Kanadas durch die Veröffentlichung ihrer Tariffkommissionen
auf das eingehendste unterrichtet waren, stand ein der=
artiges Material weder dem kanadischen Parlamente noch
seinen Vertretern zur Verfügung, so daß diese sich in der
wenig angenehmen Lage befanden, als Unterlagen für
bestimmte Fragen die Untersuchungen der amerikanischen
Kommission benutzen zu müssen.

14. Erziehung und Unterricht.

Das öffentliche Unterrichtswesen ist nicht Sache
der Bundesregierung, sondern gehört zu den Befugnissen
der einzelnen Provinzen. Überall ist aber für Schulen ge=
sorgt. Abgesehen von Manitoba besteht in allen Landes=
teilen Schulzwang. In Quebec und Ontario sind besondere
Anstalten für Katholiken und Nichtkatholiken vorhanden;
in allen übrigen Provinzen sind die Schulen konfessionslos.
Die Unterweisung in religiösen Dingen bleibt den einzelnen
Gemeinschaften und Sekten überlassen. In den Prärie=
provinzen besteht die Einrichtung, daß von den 36 Abtei=
lungen einer Township zwei für Schulzwecke bestimmt sind=
von deren Erlös die Bedürfnisse der Unterrichtsanstalten
bestritten werden. Sobald sich in einer Township mindestens
fünf Ansiedler dauernd niederlassen, wird auf ihren Antrag
hin eine Schule angelegt. Dabei werden die neuesten Er=
rungenschaften berücksichtigt. Die Schulen gehören vielfach
zu den solidesten und ansehnlichsten Gebäuden der jungen
Ortschaften, aber auch in ihren Unterrichtsleistungen können

sie sich sehen lassen. Knaben und Mädchen werden zusammen
ausgebildet.

An den Schulen werden nur solche Personen männlichen
und weiblichen Geschlechts zur Lehrtätigkeit zugelassen,
welche eine regelrechte Ausbildung genossen haben
und einen Nachweis ihrer Befähigung aufweisen können.
In allen Provinzen sind Normalschulen oder Seminarien
zur Ausbildung von Lehrern beider Geschlechter vorhanden.
Für die Zulassung eingewanderter Lehrer herrscht kein ein-
heitliches Verfahren. In den Provinzen der Ostküste
müssen sie die bestehenden Seminarien einige Monate
besuchen und Anstellungsfähigkeit erlangen. In der Provinz
Ontario können Engländer, welche ein giltiges Befähigungs-
zeugnis aus der Heimat mitbringen, ohne weiteres im
Volksschuldienst angestellt werden. Für höheren Schul-
dienst müssen sie sich einer Zusatzprüfung unterwerfen.
Das Gehalt ist nicht hoch; wer nur ein mäßiges Zeugnis
hat (limited certificate), erhält durchschnittlich 1600 Mark
das Jahr und drei Monate Ferien. Wer ein besseres Zeugnis
(final certificate) aufweisen kann, bringt es zum doppelten
Betrage. Bei dem sehr starken weiblichen Wettbewerb
pflegen sich männliche Personen um solche Stellen selten
zu bewerben. Weiter im Westen sind die Gehälter höher.
Auf dem Lande zahlt man 200 Mark den Monat, in den
Städten bis zum Dreifachen, aber ohne die Ferien. Regelmäßig steigende Alterszulagen, Pensionen, Witwen- und
Waisengelder u. dergl. sind nirgends gebräuchlich.

Für höheren Unterricht gibt es Sekundärschulen,
Gymnasien (Colleges), Universitäten und Spezialanstalten
mannigfacher Art, die entweder von den Provinzen oder
von religiösen Gemeinschaften unterhalten werden oder
reine Erwerbsunternehmungen sind. Die Colleges sind
nach englischem Vorbilde eingerichtet. Die zahlreich vorhandenen Universitäten sind mit den unserigen nicht auf
eine Stufe zu stellen, weil ihnen, von einzelnen Ausnahmen
abgesehen, das Kennzeichen strenger Wissenschaftlichkeit
fehlt. Sie bezwecken vielmehr die Ausbildung ihrer Zög-
linge für bestimmte Zweige des praktischen Lebens. Auch
darin unterscheiden sich die kanadischen von unseren Universi-

Eisenbahnzug im Felsengebirge (Brit. Kolumbien)

Hubbard-Gletscher im St. Elias-Gebirge

Tiefe, bis 300 m, ausgezeichnet, macht den Eindruck eines
felsumgürteten Fjordes. Von seiner Mündung bei Tadous-
sac bis zur Stadt Chicoutimi ist er für die größten Seeschiffe
benutzbar; von da bis zu seinem Füllbecken, dem See St.
John, reiht sich eine Stromschnelle an die andere. Der
See empfängt zahlreiche Zuflüsse, die durch ihre Täler
das Land weithin erschließen. St. John und Chicoutimi
gehören zu den wichtigsten Plätzen der Provinz Quebec
für das Holzgeschäft.

Die Bevölkerung der Provinz Quebec, die sich in
der Hauptsache auf die Umgebungen der großen Wasserstraße des St. Lorenz und seiner Zuflüsse verteilt, stieg in
dem Zeitraume 1871—1911 von 1 191 516 auf 2 003 232
Seelen, vermehrte sich also im jährlichen Durchschnitt um
1,7 %. Schon aus diesem Prozentsatz geht hervor, daß
außer der natürlichen Vermehrung auch die Einwanderung
einen gewissen Beitrag liefert. Die Mehrheit der Einwohnerschaft, rund vier Fünftel, besteht aus Frankokanadiern, über die schon früher eingehender gesprochen
worden ist. Die Vertreter des Vereinigten Königreichs zählen knapp 16 %; Deutsche sind nur 6145
vorhanden. Entsprechend den Rassenverhältnissen herrscht
das katholische Bekenntnis vor, dem 85 % der Gesamtbevölkerung anhängen. Von diesen leben 36 % in
19 Städten über 5000 Einwohner. Die weitaus größte von
diesen, zugleich die wirtschaftliche und kulturelle Hauptstadt
Kanadas, ist Montreal, das 1911 463 241 Einwohner besaß,
im Augenblick aber bei seiner raschen Zunahme die halbe
Million sicherlich überschritten hat. An zweiter Stelle folgt
das viel langsamer fortschreitende Quebec mit 78 190
Seelen. Alle übrigen Orte haben weniger als 19 000.

In der Wirtschaft unterscheidet sich das Lorenzgebiet
dadurch von Akadien, daß Industrie und Verkehrswesen
eine wichtigere Rolle spielen als die verschiedenen Teile
der Roherzeugung. Unter den letzteren wiederum hat die
Landwirtschaft eine größere Bedeutung als Waldausbeute,
Bergbau, Jagd und Fischerei. Die Fischerei, von 12 500
Personen betrieben, liefert im Durchschnitt einen Jahreswert von 7 bis 8 Millionen Mark, zeigt aber in den letzten

Jahren keine fortschreitende Bewegung. Hauptfangtiere
im Salzwasser sind Dorsch, Hering und Hummer, im
Süßwasser Forelle, Hecht, Weißfisch, Stör u. a.
Die Mineralausbeute macht neuerdings lebhafte Fort-
schritte; seit 1901 ist ihr Wert von 9 auf 47 Millionen Mark
gestiegen, so daß die Provinz unter den Landesteilen
Kanadas gegenwärtig an fünfter Stelle steht. Den größten
Posten der genannten Summe stellen Bau- und Werk-
steine. Edelmetalle finden sich nur in geringer Menge.
Dagegen liefert die Provinz 85 % der Weltgewinnung von
Asbest, 1912 im Werte von annähernd 12 Millionen Mark.
Der ansehnlichste Fundplatz liegt bei dem Städtchen
Thetford. In der Waldausbeute hat Quebec den dritten
Rang unter den kanadischen Provinzen; übertroffen wird
es von Britisch-Kolumbien und namentlich von Ontario.
Den Wert des jährlichen Holzschlages schätzt man auf
80 Millionen Mark, denjenigen der daraus hergestellten
Bretter, Schindeln und Latten auf 47 Millionen Mark. Es
bestehen 24 Fabriken zur Herstellung von Holzstoff (Zellulose, pulp). Aus dem Zuckerahorn gewinnt man einen
angenehm süßen Saft, der im Haushalt der Frankekanadier
nicht fehlen darf; man genießt ihn hauptsächlich in Verbindung mit Pfannkuchen.

Die Landwirtschaft im Sinne von Bodenanbau und
Viehzucht, deren Gesamtertrag man neuerdings auf
360 Millionen Mark einschätzt, trägt zwar wesentlich mehr
zum Volkwohlstande bei als die anderen Zweige der Rohgewinnung, hat aber in neuerer Zeit doch nicht so lebhafte
Fortschritte gemacht, wie man bei der enormen Bodenfläche erwarten könnte. Von den Feldfrüchten steht Hafer
im Vordergrunde. In zweiter Linie folgen gemischte
Kornfrucht, Weizen, Kartoffeln und Gerste, sodann Bohnen,
Leinsaat, Mais, Roggen, Tabak, Hopfen usw. Obstbau
ist vorhanden, namentlich Äpfel und Pflaumen, aber
nicht in so lebhafter Ausdehnung begriffen wie in einigen
anderen Teilen der Dominion. Dem Molkereiwesen schenkt
man sowohl für eignen Bedarf wie zur Ausfuhr große Aufmerksamkeit, allerdings bemüht man sich neuerdings mehr
um Herstellung von Butter als von Käse.

In letzter Zeit ist man darauf aus, die Besiedelung der vorhandenen enormen Landflächen möglichst zu fördern. 26 000 qkm sind ausgemessen, in Farmlose eingeteilt und zum Verkauf ausgeboten. Man verkauft sie von seiten der Provinzialregierung für 20 bis 60 Cents den Acre = 40 Ar in Abteilungen von je hundert Acres = 40 ha. Nur ein Fünftel des Kaufpreises braucht gleich erlegt zu werden; der Rest bleibt eine Zeitlang stehen, um dann in vier gleichen Raten abgetragen zu werden.

In Gewerbe und Industrie ist Quebec nächst Ontario die wichtigste Provinz Kanadas. Im Jahre 1910 waren 6584 Unternehmungen vorhanden mit einem Anlagekapital von 1356 Millionen Mark. Mit einem Personal von 158 207 Köpfen wurde eine Werterzeugung von 1474 Millionen Mark zustande gebracht; von letzterer entfielen 47 % auf Montreal und 5 % auf Quebec. Nennenswerte Industrieplätze sind außerdem Maisonneuve, Hull, Sherbrooke, Three Rivers, Westmount und Verdun. Die wichtigeren Zweige der industriellen Tätigkeit sind Herstellung von Dampfkesseln und Maschinen, Sägerei, Bekleidungsgewerbe, Tabakbearbeitung, Spinnerei und Weberei von Baumwolle, Schmelzerei, Buchdruck, Bäckerei, Wagenbau, Gerberei, Bereitung von Farbe und Lack, von Blei- und Zinnwaren, Wollverarbeitung, Papierbereitung, Schlachterei, Müllerei und Herstellung elektrischer Maschinen.

Der Außenhandel der Provinz wird zu drei Vierteln von Montreal vollzogen. In den Rest teilt sich Quebec mit einigen kleineren Plätzen; die letzteren (fünf Orte) haben fast ausschließlich mit Ausfuhr nach der Union zu tun, während Montreal und Quebec vorzugsweise im überseeischen Handel beschäftigt sind.

Im Eisenbahnwesen hat Quebec den zweiten Platz unter den Provinzen Kanadas inne; übertroffen wird es von Ontario um mehr als das Doppelte der Schienenlänge, die bei Quebec 6211 km ausmacht. Hauptmittelpunkte sind Montreal und Quebec, ersteres leitet den Verkehr hauptsächlich nach dem Süden in die Vereinigten Staaten und nach dem fernen Westen. Nach Fertigstellung der Grand Trunk wird aber Quebec einen Teil der letzteren

8*

Aufgabe übernehmen. Diese neue und großartige Überlandbahn wird gewiß viel dazu beitragen, den mittleren
Teil der Provinz zu erschließen und die Besiedelung vorzu-
bereiten. So wie die Bahn jetzt auf den nur vorliegenden
Karten eingezeichnet ist, führt sie fast ausschließlich durch
einsame Urwälder. Im übrigen ist das Bahnnetz der Provinz
auf der Westseite des Lorenzstromes minder gut entwickelt
als auf der Ostseite. Hier läuft die Bahn nicht nur am
weitesten entlang dem Flusse bis nach Matane auf der Halbinsel Gaspe, sondern hat auch zahlreiche Anknüpfungen
zu den Schienenwegen der Vereinigten Staaten.

Im Seeverkehr hat Quebec entschieden den ersten
Rang unter den Landesteilen der Dominion inne. Zwar
haben die beiden westlichen Häfen: Vancouver und Victoria
einen etwas größeren Hochseeverkehr als Montreal und
Quebec, und die Tätigkeit der letzteren Plätze wird durch
den Winterfrost erheblich eingeschränkt, aber im übrigen
behaupten sie sich doch an leitender Stelle, namentlich auch
durch lebhafte Schiffsbewegung innerhalb der Provinz
selbst, durch die Verbindungen mit den großen Seen und
durch den Verkehr mit den kanadischen Küstenprovinzen,
mit Neufundland und der Ostküste der Vereinigten Staaten.
Von grundlegender Bedeutung ist eben der Umstand, daß
die größten Hochseefahrzeuge in ununterbrochener Fahrt
bis nach Montreal gelangen können, z. B. auf einer Fluß-
strecke von etwa 1000 km, eine Möglichkeit, die sich sonst
auf Erden nicht wieder bietet. Die große Masse der Einwanderer und der sonstigen Reisenden kommt auf diesem
Wege ins Land; von hier gehen zahlreiche Personen nach
Osten; die Hauptmengen und Werte der Ein- und Ausfuhr
bewegen sich auf ihr. Außer Montreal und Quebec ist für
den Hochseeverkehr nur noch das mehrfach erwähnte Three
Rivers erwähnenswert.

Unter den Städten der Provinz Quebec ist Montreal
(Mont Royal) mit ihrer halben Million nicht nur die volk-
reichste der ganzen Dominion, sondern auch in allen anderen
Beziehungen der leistungsfähigste und unternehmendste
Ort, die eigentliche Seele und das Rückgrat des Landes,
Hauptsitz des Außenhandels und Geldgeschäfts wie umfang-

reichster und mannigfaltigster Industrieplatz. In seinen
Gewerken und Fabriken wurden im Jahre 1912 Waren im
Werte von rund 700 Millionen Mark oder etwa ein Sechstel
von ganz Kanada hergestellt. Auch ist es Hauptknotenpunkt
des Eisenbahnnetzes der Dominion. Worin aber Montreal
einzig in der Welt dasteht, ist der Umstand, daß es, obwohl
es tief im Lande liegt, von den größten Seeschiffen, mit
Ausnahme von vier Wintermonaten, wo der Fluß gefroren
ist, erreicht werden kann, vom offenen Meere an der Cabot=
straße gerechnet, sind das 1600 km. Somit vereinigt die
Stadt Eigenschaften in sich, die ihr für alle Zukunft die
Herrscherrolle sichern, vorausgesetzt, daß die leitenden
Kräfte ihren Aufgaben in gleichem Maße wie bisher ge=
wachsen bleiben. In der Nähe der ehemaligen Indianer=
festung Hochelaga, von den Franzosen im Jahre 1649 an=
gelegt, breitet sich die Stadt auf einer 35 km langen und
bis 12 km breiten Insel zwischen dem Lorenzstrom und dem
Präriefluß, einem Mündungsarme des Ottawa, nach
Norden hin bis zu dem 238 m hohen Mont Royal (König=
lichen Berge) aus, von dem sich ein ebenso lehrreicher wie
fesselnder Ausblick auf das Häusermeer und die daraus
hervorragenden Türme der Stadt mit ihrer näheren und
weiteren Umgebung eröffnet. Man sieht u. a., wie die
großartige Victoriabrücke den majestätischen Strom über=
spannt. Von den größeren Städten der Union unter=
scheidet sich Montreal dadurch, daß es nicht die hochragenden
und prunkvollen Geschäftspaläste sind, welche das Stadt=
bild beherrschen, sondern wie in der Alten Welt die Gottes=
häuser. Auch dadurch fühlt man sich an Europa erinnert,
daß die Stadt keine einheitliche, schachbrettartige Anlage
besitzt, wie die vereinsstaatlichen Ortschaften gemeiniglich,
sondern aus zwei ganz verschiedenen Hauptteilen besteht,
dem unteren, nach dem Flusse zu gelegenen älteren, vor=
zugsweise von Frankokanadiern bewohnten, mit engen,
krummen und etwas unsauberen Gassen und den oberen,
freier und offener angelegten, durchaus neuzeitlichen,
britischen Vierteln, die mit den besten Gebäuden versehen
sind und allmählich in die vornehmen Vorstädte übergehen.
Durch diese geschichtlich und völkisch begründete Zwei=

teilung gewinnt zwar das Stadtbild an Mannigfaltigkeit
und malerischem Reiz, aber es macht sich auch ein Mangel
an Übersichtlichkeit unangenehm bemerkbar. An der Grenze
der beiden Stadtteile oder in deren Nähe dehnen sich einige
ansehnliche freie Plätze (Squares) mit wertvollen Gebäuden
und baulichen Kunstwerken aus. Von den Vorstädten sind
St. Henri und St. Louis vor einiger Zeit eingemeindet
worden; bei Ste Cunégonde und Westmount wird dies
bald geschehen. In der Mc Gill-Universität besitzt Montreal
eine der besten und besuchtesten höheren Bildungsanstalten
der Dominion. Nach altenglischem Vorbilde ist die Universität mit ihren einzelnen Teilen in einen ausgedehnten
Park mit schattigen Baumgruppen und saftigen Wiesen-
gründen hineingebaut und bildet eine Welt für sich. Das
dazu gehörende Redpath-Museum enthält wertvolle natur-
geschichtliche Sammlungen, in denen Kanada besonders
gut vertreten ist. Ihre leitende Stelle in der Industrie hat
die Stadt erst in den letzten Jahrzehnten durch den flotten
Unternehmungsgeist ihrer Bürger und durch die engen
Beziehungen zu Großbritannien und den Vereinigten
Staaten errungen; gefördert wurde sie auch durch die
Schutzpolitik der Regierung. Von den einzelnen Zweigen
der Industrie seien die Metallbearbeitung, die Herstellung
von Eisenbahn- und Schiffsbedürfnissen, die Baumwoll-
verarbeitung, das Bekleidungsgewerbe und das Tabak-
fach hervorgehoben. Vier große Eisenbahngesellschaften
haben in Montreal ihren Mittelpunkt und den Sitz der
Verwaltung: die Canadian Pacific, die Grand Trunk, die
Intercolonial und die Canadian Atlantic. Von den europäischen Häfen, mit denen es in unmittelbarem Schiffsverkehr steht, ist Liverpool der bedeutendste; außerdem
kommen Glasgow, Bristol und London, kurz vor Beginn
des Weltkrieges auch Bremen, Hamburg und Rotterdam
in Betracht. Eine feste Linie mit Frankreich besteht nicht.

Von der Einwohnerschaft Montreals sind zwar 63 %
Frankokanadier, aber die leitende Stellung im öffentlichen
Leben wie in der wirtschaftlichen Betätigung haben sie
schon seit längerer Zeit an die Briten abgetreten, welche
knapp 24 % ausmachten. Die nächststarken Bestandteile

sind die Juden und die Italiener, Deutsche sind nur 2502
vorhanden, meist in kaufmännischen und gewerblichen
Unternehmungen beschäftigt. Gemäß seiner Geschichte ist
Montreal eine überwiegend katholische Stadt.

Gegenüber dem mächtig aufstrebenden Montreal ist
Quebec — quel bec = welcher Vorsprung — die älteste
französische, 1608 von Samuel Champlain angelegte
Siedelung und bis 1857 die Hauptstadt des ganzen Kanadas,
allmählich in vielen Beziehungen in den Hintergrund ge=
treten. Aber drei Vorzüge sind ihr geblieben und werden
ihr auch in Zukunft nicht verloren gehen: Quebec ist Sitz der
Provinzialregierung, also des britischen Statthalters und
des Parlamentes mit dem Ministerium; es ist Hauptstütz=
punkt und gewissermaßen Zitadelle des katholischen Franko=
kanadiertums, endlich ist es durch eine wundervolle land=
schaftliche Lage ausgezeichnet. An der Mündung des St.
Charlesflusses in dem 1200 m breiten St. Lorenz angelegt,
zerfällt es in einen unteren und einen oberen Teil. Der
untere zieht sich winkelartig gebogen am Fuße einer steilen
etwa 100 m hohen Felskante alten Gesteins längs des
schmalen Ufersaumes der beiden genannten Flüsse hin und
geht in die Vorstädte St. Rochs und St. Johns über, die
am St. Charles landeinwärts bis zu den Chathamebenen
hinreichen. Die Unterstadt, das älteste Viertel von Quebec,
eng und winklig gebaut, enthält die Anlagen für Handel
und Verkehr und steht durch eine Fähre mit dem Ostufer
des Lorenzstromes, wo das Städtchen Levis liegt, in regel=
mäßiger und häufiger Verbindung. Die Oberstadt breitet
sich auf einer Felsplatte aus, die, vom St. Charles aus,
westwärts zu dem 101 m hohen schnabelartigen Landvor=
sprunge Diamond aufsteigt. Auf dieser thront in unver=
gleichlicher Lage die gewaltige Zitadelle, die größte und
stärkste Festung von Amerika, errichtet zum Schutze gegen
etwaige Angriffe von der Seeseite her und alle Zu= und
Ausgänge beherrschend. Auf der felsigen Höhe, die einen
wundervollen Blick auf den Strom und seine Ufer erschließt,
befinden sich u. a. der Paradeplatz, der Festungsgarten,
die Dufferinterrasse mit dem vornehmen Hotel Frontenac,
die katholische Kathedrale, die anglikanische Kathedrale,

das Parlamentsgebäude, die katholische Laval-Universität mit Museum und Bibliothek, das Stadthaus, das Theater, ausgedehnte Kasernen usw. Von den Einwohnern im Jahre 1911 waren reichlich 86 % Frankokanadier; Deutsche gab es nur 157. Die meisten Bewohner sind katholisch.

17. Das Seengebiet (Ontario).

Das Seengebiet Kanadas beschränkte sich als besiedeltes und wirtschaftlich aufgeschlossenes Land bis vor wenigen Jahrzehnten auf die Halbinsel, welche vom Ottawaflusse nach Südwesten bis zum Westende des Eriesees reicht und dabei allmählich schmäler wird. Diese Halbinsel ist der südlichste und daher klimatisch begünstigste Teil der Dominion; er liegt ungefähr auf gleicher geographischer Breite mit Mittel- und Norditalien. Durch die Anlage der ersten Überlandbahn wurden die Norduser des Huron und des Oberen Sees zugänglich gemacht, und damit zugleich der Raum der Provinz Ontario, deren Umfang sich ursprünglich mit der Seenhalbinsel deckte, wesentlich erweitert. Im Jahre 1912 erfuhr sie eine weitere Vergrößerung durch Zufügung ausgedehnter Landstriche im Westen und Norden, so daß sie gegenwärtig auf einer langen Strecke die Südwestküste der Hudsonbay umschließt. Gegen die Provinz Manitoba wird Ontario teilweise durch den Severnfluß begrenzt.

Abgesehen von den Umgebungen der Hudsonbay, die einstweilen ein unverfälschtes Jagd- und Fischereigebiet sind, kann man das Seenland in vier Teile verschiedener Größe zerlegen. Der kleinste derselben ist der Anteil an der Lorenzniederung zwischen Montreal und Kingston. Größer ist die ausgezackte Seenhalbinsel, eine Tafelfläche von etwa 400 m Meereshöhe, im Osten durch den Simcoesee von jenem abgesondert, das Paradies des Landwirts und des Obstzüchters, verhältnismäßig dicht bevölkert und gut mit Eisenbahnen versehen. Annähernd ebensogroß und ebensohoch gelegen ist das Plateau östlich des Simcoesees bis zum Nipissingsee, großenteils von zahllosen kleinen Seen bedeckt, darunter die viel besuchten reizvollen Muskokas, ein weites Waldgebiet, das zwar dem Bodenanbau stellenweise lohnende Bedingungen bietet, aber doch ziemlich schwach besiedelt ist. Viel ausgedehnter als die genannten drei Teile zusammen ist der vierte, auch als Neuontario bezeichnet, ein im Mittel 350 m hohes Plateau aus alten Gesteinsschichten entlang den Nordufern des Huron und des Obernsees, vielfach mit Wasserspiegeln verschiedener Größe bedeckt, namentlich im äußersten Westen. Der ausgedehnteste davon ist der inselreiche Nipigonsee, von dessen Wasserscheide aus sich das Land nach Norden zu teils allmählich, teils in Stufen abdacht. Neuontario ist in der Hauptsache noch eine Fels-, Wald- und Wasserwildnis, an manchen Stellen aber durch mineralische Vorräte ausgezeichnet; die Siedelungen beschränken sich auf die Ufer der Großen Seen und auf die Stationen der Bahnen, die sich neuerdings mit der Erschließung gewisser mineralischer Vorräte auszubreiten begonnen haben.

Das Land in der Umgebung der Großen Seen zeigt drei Hauptbestandteile der Landschaft: Felsboden in ebener oder hügeliger Form, Wald und Wasser in großen Flächen, vielfach noch ganz ursprünglich und naturwüchsig, stellenweise aber auch durch Anbau und Ansiedelung unterbrochen, letzteres namentlich auf der Seenhalbinsel.

Die Seen selbst, die mit ihren Spiegeln eine Fläche von der Größe Italiens bedecken und nächst dem Kaspischen Meere die größte zusammenhängende Wasseransammlung auf dem Festlande bilden, nehmen in der Richtung von Westen nach Osten an Flächengehalt und Höhenlage ab. Der Obere See etwas größer als das Königreich Bayern, liegt mit seinem Spiegel 182 m über See. Durch die Stromschnelle bei Sault Ste. Marie, wo sich zugleich Schleusenkanäle befinden, erfolgt der Übergang zum Huronsee, der wie der Michigan 177 m hoch liegt. Durch den Fluß St. Claire und den gleichnamigen See steht er mit dem Eriesee in Verbindung, dessen Spiegel nur 2 m tiefer liegt als der des Huron. Von dem Eriesee an senkt sich der Boden rascher, erst durch den Niagarafluß, dann durch den weltberühmten Niagarafall und die sich daran anschließenden Stromschnellen. Der Unterschied in der Spiegellage des Erie und des Ontario beträgt 104 m; davon kommen 55 auf den

Niagarafall. Der Ontario, der kleinste unter den fünf Seen,
kommt ungefähr dem Raume des Königreichs Württemberg
gleich; seine Gestalt ist wie die des Erie länglich.

Abgesehen von den ausgedehnten Wasserflächen ist
die Landschaft der Seegestade nirgends bedeutend
oder großartig, da die Uferränder, wenn auch aus festem
Gestein bestehend, nicht beträchtlich über den Wasserspiegel
ansteigen; die Kultur aber, die manchen flachufrigen Seen
Europas einen gewissen Reiz verleihen vermag, hat bisher
nicht viel zur Verschönerung der Natur beigetragen. Meist
sind die Uferfelsen mit Nadelhölzern bestanden, ähnlich
wie in Schweden und in Finnland. Nur da, wo Insel-
gruppen über den Wasserspiegel verstreut sind, wie in den
nördlichen Teilen des Oberen- und des Huronsees, gewinnt
das Landschaftsbild an Abwechslung. Somit vereinigt sich
das gesamte Interesse auf den Niagara. Von welcher
Seite man sich diesem gewaltigen Naturschauspiel auch
nähern mag, so merkt man zunächst davon nichts als ein
gewisses unbestimmtes Getöse. Erst in unmittelbarer Nähe
sieht man den tiefen Abgrund vor sich, in den die Gewässer
in breitem Schwalle hinunterfluten. Der Niagarastrom
ist durch eine breite Insel, Goat Island, in zwei Teile von
ungleicher Breite zerlegt, den 910 m breiten Hufeisenfall,
der zu Kanada gehört und den 322 m breiten amerikanischen
Fall. Die Hauptwassermasse beider Fälle stürzt sich un-
geteilt unter donnerartigem Getöse in den 55 m tiefen Abgrund, unten in Atome zerstäubend, die als Wasserstaub
vom Winde hoch emporgeführt werden und eine den Fuß
des Falls verschleiernde Dunstmasse bilden, in welcher
bei Sonnenschein die prächtigsten Regenbogen erscheinen.
Große Felsblöcke liegen unten ausgebreitet, denn die Wasser
unterhöhlen die weicheren Teile der Felsschichten; die oberen
härteren Grauwackemassen brechen zusammen, ihre Trümmer
stürzen herab, um durch die ungeheure Wucht des stürzenden
Wassers und durch Wechsel von Hitze und Kälte allmählich zu
bersten und schließlich als Kiesel und Sand weiter geführt
zu werden. So hat der Niagara sein Bett nach und nach
rückwärts mit steilen Wänden in das fast ebene Plateau
eingeschnitten, das etwa 15 km stromabwärts von der

heutigen Fallstelle in Stufen zu der Ebene des Ontariosees abfällt. Äußerst anziehend ist auch der Anblick des Falls im Winter, wenn sich riesige Eismassen überall auftürmen.

Von der Höhe des Ufers führt eine verdeckte Bahn hinab zu der Tiefe, wo die gewaltigen Wassermassen dem Beschauer gleichsam entgegenstürzen, und der Wasserstaub ihn gänzlich einhüllt. Dasselbe geschieht, wenn man auf einem kleinen, aber sehr starken Dampfer in den Brodel hineinfährt. Ja, man kann sogar hinter dem Fall durchgehen und nach der sogenannten Windhöhle gelangen. Bequemer ist der Anblick des Gesamtfalles von der Hängebrücke zu gewinnen, welche in einiger Entfernung davon beide Ufer miteinander verbindet. Etwas stromabwärts von dieser folgen die außerordentlich großartigen Stromschnellen, die Whirlpool-Rapids. Hier drängt sich die kolossale Wassermenge in jähem Falle anderthalb Kilometer lang durch ein enges, felsiges Bett. Welle türmt sich auf Welle. Mit unglaublicher Wut stürzen sie über einander und zerstieben in fürchterlich verworrenem Falle zu Myriaden von Tropfen. Die ganze Wassermasse löst sich in ein Meer von weißem Schaum auf, dessen tosende Wellen heftiger donnern und wilder durcheinander rasen als die haushohen Wellen des sturmbewegten Ozeans. Bequem zugänglich gemacht ist diese Sehenswürdigkeit ersten Ranges durch eine elektrische Bahn, die längs des amerikanischen Ufers unmittelbar daran vorbeiführt und das grandiose Schauspiel gewissermaßen begleitet.

Das Klima der Seengegend hat im allgemeinen denselben Charakter wie er für Montreal etwas näher beschrieben wurde: verhältnismäßig geringe Jahreswärme im Vergleich zu gleichbreitigen Orten der Alten Welt und weitgespannte Gegensätze zwischen Sommerwärme und Winterkälte, aber doch in allen Jahreszeiten viel Sonnenschein und heiterer Himmel. Dabei macht natürlich die Breitenlage etwas aus. Toronto z. B., das etwa auf gleicher Breite wie Florenz liegt, hat ein Mittel für das Jahr von 6,8, für Januar — 5,3 und für Juli von 19,8° C; die äußersten Gegensätze zwischen Wärme und Kälte sind 37,3° und — 32,5°. Port Arthur dagegen, das etwa mit

Straßburg gleichbreitig ist, hat ein Mittel im Jahre von 1,6, im Januar — 15,1 und im Juli von 16,7; die äußersten Gegensätze sind 32,2 und — 38,3°. Klimatisch ist besonders die Seenhalbinsel bevorzugt. Hier reifen Weintrauben, Nüsse, Pfirsiche und andere feine Obstarten ebenso leicht wie in Südfrankreich und der Himmel ist fast ebenso sonnig wie dort. Von großer Wichtigkeit für Landwirtschaft wie für Waldausbeute ist der winterliche Schneefall. Eine reichliche Schneedecke bedarf der Holzhandel, um das Holz mit Schlitten zu den Flüssen befördern zu können und im Frühjahr genug Wasser in denselben, um es darauf zu seinem Bestimmungsorte zu schaffen. Der Schneeschmelze im März folgt dann rasches Steigen der Wärme. Die Niederschläge sind ziemlich gleichmäßig über das Jahr verteilt. Im Sommer fällt aber der Regen in der Regel bei Gewittern, sonst sind wolkige und nasse Tage selten.

Die Bevölkerung Ontarios hat sich in dem Zeitraume 1871 bis 1911 von 1 620 851 auf 2 523 274 Köpfe vermehrt, also im jährlichen Durchschnitt um 1,4 %, demnach nicht sehr lebhaft. Fast vier Fünftel der letztgenannten Zahl sind Vertreter des Vereinigten Königreichs. Franzosen gibt es 202 442, Deutsche 192 320, außerdem sind in etwas größeren Beträgen Niederländer, Juden, Indianer (23 044), Italiener, Russen, Polen usw. vorhanden. Unter den religiösen Bekenntnissen stehen die Methodisten an erster Stelle, mit einem Viertel der Gesamtbevölkerung. Dann folgen die Anglikaner. Der Katholizismus macht nicht ganz ein Fünftel von jener aus; er findet sich vorzugsweise in den Bezirken älterer Besiedelung. In Städten über 5000 Seelen wohnen 38 % der Gesamtheit. An der Spitze dieser steht Toronto mit 381 900 Einwohner. In zweiter Linie folgen Ottawa, 84 119 und Hamilton 77 072, in dritter London 46 300; alle übrigen bleiben mehr oder weniger unter 24 000.

Die Zahl der Deutschen ist in dem Jahrzehnt 1901—1911 von 203 319 auf 192 320 zurückgegangen, jedenfalls durch Auswanderung in den Westen, namentlich nach Saskatchewan. Von den 88 Distrikten der Provinz war keiner ohne Deutsche, 2 hatten über 10 000, 9 von

5001—10 000, 45 von 1001—5000, die übrigen weniger
als 10 000. Soweit die Distrikte aus mehr als einem Fünftel ihrer Bevölkerung aus Deutschen bestanden, mögen sie
hier genannt sein. An erster Stelle kommt Waterloo North
mit 21 139 Deutschen oder 78 % seiner Seelenzahl, an
zweiter Waterloo South mit 11 523 Deutschen oder 45 %,
an dritter Bruce East mit 8298 Deutschen oder 43 %. Die
übrigen 8 Distrikte folgen in der nachstehenden Tabelle:

	Deutsche	% b. Bev.		Deutsche	% b. Bev.
Welland	7682	29	Grey South	5197	23
Hadimond u. Monck	5835	29	Renfrew North	5430	23
Dundas	5394	27	Lincoln u. Niagara	6094	22
Perth North	6770	25	Oxford North	5287	21

Manche der aus Deutschland nach Ontario eingewanderten Mennoniten nennen sich auch „Amishleute“ und
haben eigenartige Gebräuche. Diese Sekte leitet ihren
Namen von dem ihres Begründers, Jakob Amman, ab,
eines Mennonitenpredigers aus Bern, der seinen Anhängern
u. a. vorschrieb, eine bestimmte Kleidung zu tragen und
diese nicht mit Knöpfen zu schließen, sondern mit Haften
und Hefteln. Die Anhänger Ammans wurden daher auch
„Haftler“ genannt, während diejenigen Mennoniten, welche
diesem Brauche nicht huldigten, als „Knopfler“ bezeichnet
wurden. Auch führte Amman die Fußwaschung bei der
Kommunion ein. Die Amishleute verließen die Schweiz
und wandten sich zunächst nach Elsaß-Lothringen und der
Pfalz, welche letztere bekanntlich das gelobte Land menno-
nitischer Sektirerei war. In der Zeit von 1820 bis 1850
wanderten die meisten nach Amerika aus, und zwar zunächst nach Pennsylvanien und von da weiter nach Ontario,
weil sie hier billigeres Land bekommen konnten. Von
Anfang an huldigten die Amishleute der vollsten religiösen
Freiheit; jede Gemeinde war durchaus selbständig. In
den Zeiten der ersten Niederlassungen vereinigten sie sich
in Privathäusern oder Scheunen zum Gottesdienst, bei
dem die Bohnensuppe nicht fehlen durfte. Später errichteten
sie einfache Kirchen im Quäkerstil. Ihre Gemeindever-
waltung ist eine Art Theokratie mit einem Bischof an der
Spitze, der zugleich die richterliche Tätigkeit ausübt. Der

Bischof wird durch das Loos bestimmt; sein Amt ist unbezahlt, ebenso wie das der Prediger und der Diakone. Auch heute ist die Kleidung der Leute knopflos. Die Männer lassen den Bart wachsen, rasieren aber die Oberlippe. Unter sich sprechen die Amishleute Pennsylvaniadeutsch; Englisch lernen sie in der Schule. Die Vorschrift des Apostels Matthäus: „Wenn dich jemand auf die rechte Backe schlägt, so halte ihm auch die linke hin" halten sie aufrecht und sind jeder Gewalttätigkeit von sich aus abhold. Am politischen Leben nehmen sie keinen Anteil, was wegen ihrer anerkannten Tüchtigkeit zu bedauern ist. (Näheres bei Clyde Smith, the Amishman. Toronto 1912).

Der Schwerpunkt der wirtschaftlichen Tätigkeit ruht in der Provinz Ontario auf Landwirtschaft, Industrie und Verkehr, Wirtschaftszweige, welche namentlich am Lorenzstrom und auf der Seehalbinsel trefflich entwickelt sind. In lebhafter Zunahme sind Mineral- und Waldausbeute begriffen; an letzter Stelle folgt die Fischerei. Diese ergab im Jahre 1912 einen Wertertrag von 8½ Millionen Mark, sie bezieht sich ausschließlich auf Süßwasserfische; insbesondere fängt man Forellen, Hechte, Weißfische, Heringe u. a. 3800 Personen sind damit beschäftigt.

Die Mineralausbeute ist in steigender Zunahme begriffen, so daß Ontario jetzt an der Spitze der kanadischen Provinzen steht. Man gewann 1912 einen Wertertrag von 214 Millionen Mark oder reichlich 38 % der Gesamtausbeute des ganzen Bundes. Die Besonderheiten Ontarios sind Silber, Nickel und Kobalt; außerdem finden sich abgesehen von Bau- und Werksteinen, Gold, Korund, Glimmer, Eisenerz, Zement, Petroleum, Naturgas, Marmor u. a., Kohle dagegen fehlt ganz. Die Goldausbeute, vordem unbeträchtlich, ergab 1912 reichlich 7 Millionen Mark. Für Silber ist Ontario jetzt das Hauptgebiet; man gewann im gleichen Jahre für 71 Millionen Mark oder 92 % der kanadischen Gesamterzeugung. Nickelerz kommt ausschließlich in den Minen von Sudbury im Distrikt Algoma, westlich vom Nipissingsee an der kanadischen Überlandbahn vor, bei deren Anlegung es vor dreißig Jahren aufgespürt

wurde. Das Erz, welches durchschnittlich 2,25 % Nickel
und ebensoviel Kupfer enthält, wird an Ort und Stelle
geröstet und geschmolzen, die weitere Behandlung aber
meist in der Union vorgenommen. Der Wertbetrag belief
sich 1912 auf rund 54 Millionen Mark. Eisenerz findet sich
sowohl in den östlichen wie in den westlichen Teilen der
Provinz, namentlich an der Michipikotenbucht des Oberen
Sees, während andere Lager zurzeit noch nicht ausgebeutet
werden. Der Hauptübelstand dafür ist der Mangel an Kohle.
Naturgas erbohrt man in den silurischen Gesteinen der
Seenhalbinsel; in den devonischen Schichten derselben
erzielt man auch Petroleum, namentlich in der Nähe von
Sarnia am Südende des Huronsees, aber die Quellen sind
nicht mehr so ergiebig wie früher. Die größte Aufmerksamkeit erregten in letzter Zeit die Kobaltminen, die gelegentlich des Baus einer Eisenbahn in der Nähe des Temis-
kamingsees gefunden wurden und zur Gründung der
Minenstadt Cobalt führten.

Wie in der Mineralgewinnung steht Ontario auch in
der Waldausbeute an der Spitze der kanadischen Provinzen, namentlich soweit die Herstellung von Brettern,
Schindeln und Latten in Betracht kommt. Diese ergab im
Jahre 1912 128 Millionen Mark oder knapp zwei Fünftel
der Gesamterzeugung. In der Bereitung von Holzstoff
dagegen wird Ontario von Quebec erheblich übertroffen.
Es sind 11 Fabriken dafür vorhanden. Während im Norden
und Nordwesten Ontarios die Wälder denen der benachbarten Provinz gleichen, herrschen auf der Seenhalbinsel
die Laubbäume vor, namentlich Eiche, Hickory, Linde,
Ahorn, Ulme, Esche und Buche. Wenn auch im Laufe der
Zeit viel abgeschlagen worden ist, so gibt es doch noch ungeheure bisher unangetastete Bestände; vor der neuen
Provinzialerweiterung im Jahre 1912 schätzte man diese
auf 280 000 qkm, also eine Fläche etwa halb so groß wie
das Deutsche Reich. Vier größere Reserven sind vorhanden.

Auch in der Landwirtschaft kann Ontario als die
führende Provinz Kanadas bezeichnet werden, sowohl in
dem Sinne, daß es die größte Fläche Kulturland besitzt,
als auch in bezug auf den Hochstand der Betriebsart und

hinsichtlich der Mannigfaltigkeit der angebauten Früchte.
Von den Getreidepflanzen nimmt Hafer den ersten, Weizen
den zweiten Platz ein; weiterhin folgen Gerste, Roggen und
Buchweizen; von anderen Nährfrüchten schließen sich
Kartoffeln, Bohnen, Erbsen und weiße Rüben (Turnips)
an. An manchen Stellen zieht man Tabak, Hopfen und
Wein. Den Stolz Ontarios aber bildet sein Obstbau. In
seinem südlichsten Teile, am Nordufer des Eriesees, in gleicher
Breite mit Südfrankreich und Mittelitalien, zieht sich ein
Obstgürtel hin über 600 km lang, an Breite zwischen 80
und 240 km wechselnd, in dem die herrlichsten Früchte mit
Sachverständnis und Fleiß gezogen werden und vortreffliche
Erträge nach Menge und Güte liefern. Hier wachsen drei
Viertel des ganzen Obstertrages der Dominion.

Dazu kommt, daß das Molkereiwesen in hoher
Blüte steht. Von der gesamten Käsebereitung Kanadas
leistet Ontario drei Viertel im durchschnittlichen Werte
von 60 Millionen Mark jährlich. In der Butterbereitung
allerdings wird es von der Provinz Quebec erheblich übertroffen. Dagegen hat es wieder den ersten Platz in der
Herstellung von kondensierter Milch. Für diese Gegenstände sind insgesammt 1254 Anlagen (factories und
creameries) vorhanden, die sich fast ausschließlich auf der
Seenhalbinsel vorfinden. Hier ist auch die berühmte
Ackerbauschule mit Versuchsanstalt in Guelph, deren
Leistungen nicht nur im Lande selbst, sondern auch in der
benachbarten Union von Fachleuten uneingeschränkt anerkannt werden.

In Gewerbe und Industrie ist Ontario fast noch
mehr führende Provinz als in Bergbau, Waldausbeute
und Landwirtschaft. Etwa 8000 Anlagen sind vorhanden
mit einem Anlagekapital von 2½ Milliarden Mark und
einem Personal von etwa 240 000 Köpfen oder fast einem
Zehntel seiner Gesamtbevölkerung. Der Jahreswert der
Erzeugnisse wird für 1910 auf 2436 Millionen Mark angegeben, mehr als die Hälfte der ganzen Dominion in
gleicher Beziehung ausmachend. Diese Leistung Ontarios
ist um so bemerkenswerter, als ihm, wie früher gezeigt
wurde, Kohle vollständig fehlt und aus der Union zugeführt

werden muß. Einen gewissen Ersatz bietet das vorhandene
Naturgas und in neuerer Zeit die mehr und mehr benutzte
Möglichkeit der „weißen Kohle" oder der Elektrizität, zu
deren Herleitung ungemessene Wasserkräfte zur Verfügung
stehen, in erster Linie in den Niagarafällen. In der Be=
reitung elektrischer Betriebskraft verschwinden tatsächlich
die übrigen Provinzen Kanadas vor Ontario. Von der
Gesamterzeugung des Bundes 1912 im Betrage von
968 Millionen Einheiten wurden 885 Millionen in Süd=
ontario hervorgebracht, davon 347 für Landesverbrauch,
der Rest zur Übertragung in die Union. Die Erzeugnisse
von Ontarios Industrie sind sehr mannigfaltig; in erster
Linie stehen Maschinen und landwirtschaftliche Geräte.
Besonders hervorgehoben seien die Hochöfen, die sich in
Deseronto, Hamilton, Sault Ste. Marie und Port Arthur
befinden; der Hochofen von Port Arthur ist der am weitesten
nach Westen vorgeschobene. Im übrigen liegen die Fabriken
in den östlichen und südlichen Teilen der Provinz. Der
wichtigste Fabrikplatz ist hier Toronto mit einer Werter=
zeugung von 647 Millionen Mark. Eine so vielseitige und
fortgeschrittene Industrie wie sie Ontario besitzt, erfordert
auch eine entsprechende Gestaltung des Verkehrswesens.
Und da ist die Provinz in der glücklichen Lage, über die
mehrfach erwähnte Wasserstraße der Großen Seen zu ver=
fügen. Die ursprünglich vorhandenen Schwierigkeiten
sind beseitigt. Die Stromschnellen und Fälle des Niagara
wie die Schnellen beim Übergange aus dem Oberen in
den Huronsee sind schon längst durch Kanäle und Schleusen
behoben. Zur Umgehung der Niagarasenkung wurde
bereits im Jahre 1829 der Wellandkanal zwischen Port
Colborne und Port Dalhousie angelegt, der bei einer Länge
von 42,8 km den Höhenunterschied von fast 100 m mittels
25 Schleusen überwindet und eine Fahrtiefe von 5 m besitzt.
Eine Erweiterung dieses Kanals ist in Aussicht genommen.
Über den Schleusenkanal am Oberen See bei Sault Ste.
Marie wird später einiges Nähere gesagt werden. Um
den Wasserweg vom Lorenzstrome nach dem Huron und
Oberen See abzukürzen, beabsichtet man den Ottawafluß
unter Benutzung des Nipissingsees mit der Georgianbucht

des Huronsees durch einen Kanal zu verbinden. Das würde einen Wasserweg geben, der fast in grader Linie von Montreal durch den Sault Ste. Marie nach Port Arthur und Fort William läuft und ganz besonders den Getreidebeförderungen förderlich sein würde, die nach dem Osten von Kanada oder nach Europa bestimmt sind.

Hand in Hand mit den Wasserstraßen gehen die Schienenwege, von denen Ontario mehr besitzt als irgend eine andere kanadische Provinz. Diese sind auch durchaus notwendig, denn jene versagen während der Wintermonate. Bei Toronto z. B., dem wichtigsten Hafen am Ontariosee, dauert die Schiffbarkeit im Mittel 257 Tage: vom 3. April bis zum 19. Dezember; noch kürzer ist sie im Huron- und Oberen See. Mindestens vier Monate hindurch muß also die Eisenbahn den ganzen Verkehr bewältigen und zwar nicht nur die Beförderung von Personen und Frachtgütern innerhalb der eigenen Provinz, sondern auch die interkanadische und die internationale. Somit ist Ontario ein Durchgangsgebiet erster Ordnung. Für die verschiedenen Verkehrsaufgaben stehen (1912) insgesamt 13 671 km Schienenwege zur Verfügung, ungefähr ein Drittel des gesamten kanadischen Bahnnetzes. Drei Hauptstraßenzüge treten dabei in den Vordergrund. Einmal sind es die Linien, welche fast gradlinig von Montreal in südwestlicher Richtung über Kingston, Toronto, Hamilton und London nach Detroit laufen und hier wie in Hamilton Anschluß an das vereinsstaatliche Netz finden. Von diesem Rückgrat zweigen zahlreiche Strecken ab, welche die Seenhalbinsel vielfach durchschneiden. Die zweite Hauptlinie ist der Teil der ersten kanadischen Überlandbahn, der von Montreal aus dem Ottawafluß bis zur Bundeshauptstadt begleitet und dann quer durch Neuontario bis an die Grenze von Manitoba läuft. Hauptstationen auf diesem wichtigen Wege sind der Minenort Sudbury sowie die Hafenplätze Fort William und Port Arthur. Sudbury hat zwei wichtige Abzweigungen, die eine südostwärts nach Toronto, die andere westwärts nach der Kanalstadt Sault Ste. Marie. Von Fort William laufen jetzt vier Stränge aus, drei davon in verschiedenen Richtungen nach Winnipeg; eine nur bis an die amerikanische

Grenze; von einem der nach Winnipeg gerichteten Stränge
zweigt eine Linie nach Duluth am Westende des Oberen
Sees ab. Die dritte Hauptlinie endlich ist die Grand Trunk,
welche, von Osten her kommend, in der Nähe des Abitibi-
sees in die Provinz eintritt und sie im allgemeinen längs
des 50. Parallels durchschneidet. Einstweilen läuft dieser Teil
der neuen Überlandbahn durch eine Seen- und Waldwildnis
fast ohne Menschen, in gerader Linie gemessen 1200 km
lang oder 30 Eisenbahnstunden amerikanischer Art. Ihr
ist die wichtige Aufgabe zugedacht, das von ihr durchzogene
Gebiet zu erschließen und Ansiedler heranzubringen.

Unter den Städten Altontarios sind Toronto, Ottawa
und Hamilton die volkreichsten.

Toronto, nächst Montreal die nach Seelenzahl, wirtschaftlicher und kultureller Bedeutung wie nach Wohlstand
wichtigste Stadt des kanadischen Bundes, unter 43° 39′ n. Br.
an dem flachen, sandigen Ufer des Ontariosees gelegen,
da, wo er das Flüßchen Don aufnimmt, ist im Gegensatz
zu Montreal und namentlich zu Quebec eine durchaus
britische Stadt mit altenglischem Charakter, wenn auch
von der 1911 vorhandenen Bevölkerung im Betrage 381 900
Seelen nur knapp vier Fünftel aus dem Vereinigten
Königreiche stammen. Von dem Reste sind Juden, Deutsche
(8912) und Leute aus Österreich zu nennen. In kirchlicher
Beziehung herrschen die nicht katholischen Bekenntnisse vor.
Im Jahre 1794 gegründet, ist die Stadt namentlich seit 1881
sehr rasch gewachsen und wenn die bisherige Zunahme anhält, so ist nicht ausgeschlossen, daß sie in absehbarer Zeit
Montreal an Seelenzahl überholen wird. Im Jahre 1904
von einem furchtbaren Brande heimgesucht, ist sie schöner
und regelmäßiger aus der Asche wieder entstanden; sie
hat gute Straßen mit Backsteinhäusern von echt englischem
Typus, aber auch einige monumentale Gebäude von er-
heblichem Kunstwert, wie das Parlamentsgebäude und
die Osgoodhalle für das Obergericht von Kanada. Sie ist
Regierungssitz der Provinz Ontario und besitzt eine stark
besuchte Universität, sowie mehrere öffentliche Bibliotheken
und wissenschaftliche Sammlungen, darunter das Canadische
Institut. Mit guten Eisenbahn- und Schiffsverbindungen

vereinigt Toronto eine mannigfaltige und blühende Industrie, die namentlich in Gießerei, Lederverarbeitung, Herstellung alkoholischer Getränke, Fabrikation landwirtschaftlicher Maschinen usw. Tüchtiges leistet. Der von zahlreichen Schiffen besuchte Hafen wird von einer schmalen Halbinsel gebildet, die mit der befestigten Halbinsel Gibraltar Point endet. Die Umgebungen der Stadt machen mit ihren hübschen Landhäusern und dem gartenmäßigen Anbau einen freundlichen Eindruck.

Die zweitgrößte Stadt der Provinz Ontario, die fünftgrößte der Dominion, ist Ottawa, bekannt als Bundeshauptstadt von Kanada seit 1857 und demgemäß Sitz des Generalgouverneurs und der Zentralregierung. 1911 hatte es 84 119, mit Vororten gegen 125 000 Einwohner; von ersterer Zahl sind 63 % Briten und 32 % Frankokanadier, und damit ist es die einzige bemerkenswerte Ortschaft Ontarios, in der das altfranzösische Wesen etwas stärker vertreten ist. Unter 45° 27' n. Br., etwa wie Mailand gelegen, wird die in ihrer äußeren Erscheinung durchaus neuzeitliche und prächtige Stadt durch den Rideaufluß, der hier in den Ottawa mündet, in einen unteren und einen oberen Teil zerlegt. In der Oberstadt auf dem 106 m hohen Barrackhill, erhebt sich das prachtvolle Parlamentsgebäude gotischen Stils, von einem ausgedehnten freien Platz umgeben. Von Anstalten für Erziehung, Wissenschaft und Kunst sind die Nationalgalerie, die katholische Universität, das Mädchengymnasium, die Kunstakademie, das Museum der Behörde für Landesaufnahme und das astronomische Observatorium hervorzuheben. In wirtschaftlicher Beziehung ist Ottawa einer der kanadischen Hauptorte für Holzhandel und Holzverarbeitung, wozu die Wasserkräfte des Rideauflusses und der Chaudièrefälle, zugleich eine hervorragende Sehenswürdigkeit, verwendet werden. Durch den Rideaukanal ist Ottawa mit Kingston am Ontariosee verbunden.

Fast ebenso volkreich wie Ottawa ist Hamilton, das Birmingham von Kanada, mit 81 960 Einwohner, davon 66 421 Briten und 4619 Deutschen in malerischer Lage am Fuße eines Hügels am Westende des Ontariosees. Seine

vielseitige Industrie gründet sich auf Wasser- und elektrische
Kraft, letztere durch die De Cew-Fälle gewonnen. Zugleich
ist es Mittelpunkt des südkanadischen Obstbaus und des
Warenaustausches mit den Vereinigten Staaten. Als
Eisenbahnknotenpunkt und Hafenplatz wetteifert es mit
Toronto um den Vorrang am Ontariosee.

Neuontario ist der westliche Teil von Ontario am
Nordufer der Großen Seen bis zur Grenze von Manitoba,
aufgeschlossen durch die C. P. R. und teilweise auch durch
die Dampferlinie, welche von der Georgianbay des Huronsees durch die Schleusen von Sault Ste. Marie nach Port
Arthur und Fort William am Nordufer des Oberen Sees
laufen. Auch die neuangelegte Grand Trunk kommt Neuontario zugute. Das Land, welches sich nördlich der Grand
Trunk bis zur Hudsonbay erstreckt, wird als Patricia-
Distrikt bezeichnet, ist aber abgesehen von einigen Posten
der Hudsonbay-Gesellschaft noch gänzlich unerschlossen.
Ungefähr in der Mitte von Neuontario liegt der Nipigonsee, den man gewissermaßen als das Quellbecken des
späteren Lorenzstromes ansehen kann. Das Land östlich
des Nipigon ermangelt zwar der Seen nicht, aber westlich
des genannten nehmen diese dermaßen überhand, daß die
Wasserbedeckung vorherrscht. Ein wahres Gewirr von
kleinen und großen Wasserspiegeln breitet sich da aus, ganz
wie in Finnland, aber in vergrößertem Maßstabe.

Der Obere See, das größte Süßwasserbecken der
Erde, umfangreicher als das Königreich Bayern, zerfällt
in einen östlichen und einen westlichen Hauptteil. Die
Grenze zwischen beiden bildet eine gerade Linie, von der
aus der Südküste hornartig vorspringenden Halbinsel
Kewcenaw nach Norden. Das westliche Becken, weniger
tief als das östliche, gehört in politischer Beziehung fast ganz
zu der Union. Das östliche, wesentlich größer und tiefer
als das vorige, hat eine trichterartige Gestalt und verjüngt
sich nach Südosten zu. Sein letzter Teil in dieser Richtung
ist die Whitefishbay, die sich mehr und mehr verengert und
dann in den St. Marysfluß übergeht, der die Verbindung
zwischen dem Oberen und dem Hurondsee bildet Der
Spiegel des letzteren liegt im Mittel 177,095 m über dem

New-Yorker Pegel oder 6,39 m tiefer als der des Oberen
Sees. Dieser Unterschied wird durch eine Stromschnelle
zurückgelegt, die als „Sault Ste. Marie" bekannt ist. Gleichen
Namen tragen zwei Städte, von denen die eine auf vereinsstaatlichem, die andere auf kanadischem Ufer liegt.
Beide sind durch eine lange Eisenbahnbrücke miteinander
verbunden. Die Schiffahrt durch die Schnellen bei Sault
Ste. Marie erfolgt jetzt durch zwei Kanäle, den einen auf
vereinsstaatlicher, den anderen auf kanadischer Seite; beide
sind mit Schleusen versehen.

18. Das Präriegebiet.

Manitoba. Saskatschewan. Alberta.

Das Präriegebiet oder die Binnenebene des britischen
Nordamerikas nimmt ungefähr die Mitte des nordamerikanischen Kontinents ein und unterscheidet sich von den sie
begrenzenden Oberflächenstücken nicht nur durch seine
teilweise viel tiefere Lage, sondern auch durch seine eigenartige Bodenbildung. Im Osten wird die Fläche von dem
vorzugsweise aus alten Gesteinsschichten bestehenden
Plateau der Großen Seen begrenzt, im Westen reicht sie
bis an den Fuß der Kordilleren. Nach welcher Richtung
man auch das weite Präriegebiet durchreisen mag, fast
überall hat man den Eindruck, als bewege man sich durch
eine ungeheure Ebene, durch ein grenzenloses Grasland.
In Wirklichkeit ist dies aber nicht der Fall. Denn nach seiner
Oberflächenbildung stellt sich die scheinbar meeresgleiche
Fläche als eine doppelt geneigte schiefe Ebene dar mit zahlreichen, sie überragenden Hügelreihen. Nach Nordosten
zu fällt sie ganz langsam in der Richtung auf die Hudsonbay
ab, nach Norden steigt sie ebenso allmählich zu der Wasserscheide des nördlichen Seengebietes an. Nach Westen hin
hebt sie sich teils nach und nach, teils stufenförmig bis zum
Fuße der Felsengebirge empor. Unschwer lassen sich drei
solcher Stufen unterscheiden.

Der niedrigste Teil des Präriegebietes oder
seine unterste Stufe wird durch die Talebene des Red River
und die nördlich davon gelegene Gruppe der Seen bezeichnet,

von denen der Winnipeg, der Winnepegoſſis und der
Manitoba die größten ſind. Der Winnipeg hat bei einer
nordſüdlichen Erſtreckung von etwa 600 km, mit 216 m
die geringſte Meereshöhe unter ſeinesgleichen. Dann
folgen der Manitoba mit 229 m, das Red Rivertal bei der
Stadt Winnipeg mit 230 m und der Spiegel des Winni=
pegoſſis mit 235 m. Etwas höher liegen der St. Martinsſee
mit 242 m und der Dauphinſee mit 262 m. Dieſe unterſte
Stufe des Präriegebietes wird nach Nordweſten hin durch
eine Anzahl Hügelgruppen begrenzt, von denen die Riding=,
die Duck=, die Porcupine= und die Pasquiahhügel genannt
ſeien; gelegentlich werden ſie auch als Berge, Mountains,
bezeichnet. Die Riding=Mountains, im Südweſten des
Dauphinſees gelegen, ſind nach den Aufnahmen der
Geological Survey 610 m, die Duck=Mountains, nördlich
der vorigen gelegen, ſteigen bei 790 m an. Etwas niedriger
ſind die Porcupine=Mountains an dem Swan River und
noch niedriger die Pasquiahhills, welche ziemlich bis an
den nördlichen Saskatſchewan heranreichen. Die zweite
oder mittlere Stufe der Prärie, welche ſich teilweiſe
unmittelbar an den Weſtfuß der genannten Hügelreihen
anſchließt, hat eine mittlere Höhe von 450 m und eine weſt=
öſtliche Ausdehnung von etwa 450 km. Auch ſie ſchließt
im Weſten mit einer Reihe von Hügelketten ab, welche
ungefähr der gleichen Richtung wie die vorher genannten
folgt. In der Richtung von Süden nach Norden genannt,
gehören dazu die Mooſe Mts., die Weedhills, die Wolfhills,
die Pleaſanthills, die Beaverhills, die Tuchwoodhills, der
Nut Mt. und die Greenwaterhills, deren Höhen im einzelnen
noch nicht bekannt ſind. Sie alle liegen in der öſtlichen
Hälfte der Provinz Saskatſchewan und enden im Norden
an dem gleichnamigen Fluſſe. Die dritte oder weſtliche
Stufe iſt der ſog. Grand Coteau, der ſich mit ziemlich
ſtarker Steigung von 600 bis 1200 m und mehr zu den
Fußhöhen der Felſengebirge emporhebt. Zu dieſer Stufe
gehören die Wood Mts. und die Cypreßhills, bis 1460 m,
ſüdlich der Hauptlinie der kanadiſchen Überlandbahn;
nördlich davon befinden ſich durchweg niedrigere Anhöhen
wie die Sandhills, die Kneehills, die Rockybuttes, die

Milkriver Ridge, die Neutralhills usw. In die lockeren
Massen der dritten Stufe haben sich die von den Felsengebirgen ostwärts abrinnenden Gewässer tiefe Rinnen
eingegraben und dadurch eine reichere Geländebewegung
hervorgerufen, als sie auf den beiden anderen Stufen beobachtet wird.

Verschiedenartig wie die Oberflächenbildung ist auch
die geologische Gestaltung des Präriegebietes, wobei
im allgemeinen das Alter der Schichten in der Richtung
von Westen nach Osten abnimmt. An der Ostgrenze finden
sich noch recht alte Gesteine, sowohl archäischer als auch
paläozoischer Zeit. Zwischen dem 97. und 115. Meridian
zieht ein keilartiger Streifen kretazeischer Ablagerungen
nach Norden, die im einzelnen zu zahlreiche Verschieden-
heiten aufweisen als daß hier darauf eingegangen werden
könnte. Hervorgehoben sei nur die Laramieformation,
weil sie oft Kohle enthält. Die kretazeische und tertiäre
Kohle des Präriegebietes zeigt in den östlichen Revieren
ihres Vorkommens einen lignitartigen Charakter, während
sie weiter westlich und bei Annäherung an die Ostabdachung
der Felsengebirge bituminös und sogar anthrazitartig wird.
Abgebaut werden die oberkretazeischen Felder an mehreren
Stellen, namentlich am Souris River. Das Hauptflöz
ist 270 cm mächtig, und die Kohle wird auf einer eigenen
Bahnlinie bis zur nächsten Station (Roche-Percée) der
C. P. R. befördert. Das Belly River-Feld in Alberta
liefert ebenfalls Lignit, teilweise aber auch Anthrazit.
Die Mächtigkeit der manchmal stark verworfenen Flöze
schwankt zwischen 1 und 5 m.

Für alle Präriegegenden bilden die bemerkenswertesten
Eigenschaften des Klimas die erfrischende Trockenheit der
Winterluft und der fast immer klare Himmel. Die strenge,
oft sehr lange, aber trockene Winterkälte wird gar nicht
unangenehm gefühlt; sie ist durchaus nicht vergleichbar
mit der mäßigeren Kälte feuchter Klimate. Die Leute gehen
bei — 30° C ohne Beschwerde ihren Beschäftigungen nach.
Näher an den Bergen tritt der Frühling früher ein als in
Manitoba, und zu Anfang April sieht man in Alberta oft
die Leute pflügen, was in Manitoba erst gegen Ende dieses

Monats zu geschehen pflegt. Zu Anfang Mai sind die
Prärien ein Blumenteppich und sechs Monate hindurch
ist die entzückende und aufheiternde Luft der Prärie eine
reichliche Entschädigung für die Kälte der Wintermonate.
Frühlings- und Frühsommerregen sind vorherrschend, die
Herbstregen von Ostkanada fehlen. Dies ist für den Farmer
sehr vorteilhaft, denn er kann seine Ernte trocken einbringen
und hat gerade in der notwendigsten Zeit gute Wege.
Früh im April bringt die warme Sonne die dünne Schneedecke zum Schmelzen und bald darauf beginnt das Pflügen.
Sobald als möglich wird nun gesät, und die Saat keimt rasch
bei der steigenden Wärme. Die Regenzeit setzt ein und bei
dem Regen und der Wärme des Juni bewurzelt sich rasch
das Getreide und reift der Ernte entgegen. Nach Mitte
August hören die Regen fast völlig auf und der Farmer hat
reichliche Zeit zum Ernten; infolge der Trockenheit wird das
Korn hart und voll, das Heu vortrefflich und den Tieren
bekömmlich. Der Winter der Prärie ist stets trocken. Die
Schneedecke wird im Mittel bis 60 cm tief und liegt trocken
wie Sand da; es gibt keinen Regen und kein Tauwetter,
welche den Schnee zusammenzupacken pflegen. Die Luft
ist klar, die Sonne scheint hell den ganzen Winter hindurch
und die vom Schnee zurückgeworfene Lichtmenge ist groß.
Die Eigenart des Präriewinters macht es möglich, daß die
Tiere: Pferde, Rinder und Schafe ohne Unterstand und
ohne Fütterung im Freien bleiben können, ohne Schaden
zu erleiden. Während aber im Osten das Gras, wenn es
nicht geschnitten wird, in Samen geht, verfällt und durch
den Regen wertlos wird, geben die Präriegräser in dem
trocknen Herbst ein natürliches nahrhaftes Heu. Der Wind
verweht den leichten trocknen Schnee oder die Pferde
können ihn leicht mit ihren Hufen beseitigen und zum Futter
gelangen.

Die Besiedelung und allgemeine Entwicklung des
Präriegebietes ist sehr jungen Datums und beginnt, abgesehen von ganz unbedeutenden Versuchen, mit dem Bau
der ersten Überlandbahn, dieser aber wiederum steht im
Zusammenhang mit innerpolitischen Vorgängen. Als es
nämlich galt, das seit 1858 als britische Kronkolonie be-

siebende Britisch-Kolumbien an den Kanadischen Bund
anzuschließen, stellte dieses u. a. die Bedingung, daß es durch
eine Bahn mit dem Osten verbunden werde. Demgemäß
begann die Zentralregierung in den 1870er Jahren mit
der Ausführung zweier Teilstrecken. Als es aber offenbar
wurde, daß die Vollendung des ganzen Unternehmens unter
Staatsleitung sich ins Unabsehbare verlieren würde, be-
auftragte man damit die neu gegründete Canadische Pazifik-
bahngesellschaft unter Zubilligung gewisser Vorrechte,
Geldsummen und Landanweisungen. Diese Gesellschaft
machte es unter außerordentlichen Anstrengungen möglich,
daß der Betrieb auf der Gesamtlinie bereits im Jahre 1885
eröffnete wurde, fünf Jahre früher als der Vertrag mit der
Zentralregierung verlangte. Diese Beschleunigung lag
im Interesse der Gesellschaft. Denn solange die Überlandbahn nicht betriebsfähig war, konnte sie weder auf einen ansehnlichen Verkehr rechnen, noch den Verkauf ihrer ausgedehnten Ländereien, insgesamt über 100000 qkm, bewirken.

Nachdem auf diese Weise der Einwanderung der Weg
gebahnt und tatsächlich auch eine größere Zahl Menschen
ins Land gekommen war, begann die Regierung in Ottawa
die bis dahin unbegrenzten Prärien politisch zu ordnen und
zwar zunächst zu fünf Territorien, mit einer Fläche von der drei-
maligen Größe des Deutschen Reiches und 420676 Einwohnern (1901). Im Jahre 1906 wurde eine Neueinteilung vorgenommen mit einem Zusatz vom Jahre 1912. Dadurch
wurden drei Provinzen geschaffen: Manitoba, Saskatschewan und Alberta, die sich von der Grenze der Vereinigten
Staaten am 49. Parallel bis zum 60. Parallel von Süden
nach Norden erstrecken. Im Osten grenzt Manitoba an
Ontario und die Hudsonbay, im Westen Alberta an
Britisch-Kolumbien und teilweise an die Wasserscheide der
Felsengebirge. Jede der Prärieprovinzen ist ungefähr so
groß wie das Kaiserreich Österreich-Ungarn; die Bevölkerung ist zwar noch sehr dünn gesät, immerhin aber hat sie
sich seit 1901 reichlich verdreifacht, und zurzeit beträgt sie
sicherlich mehr als 1½ Millionen, denn die Einwanderung
kommt hauptsächlich der ehemaligen Prärie zugute. Die
Verteilung der Bevölkerung ist insofern verschiedenartig,

als sie sich in Manitoba auf den schmalen Raum südlich
der Seen Winnipeg-Manitoba sowie westlich des letzteren
beschränkt und hier verhältnismäßig dicht ist, während sie
in den beiden anderen Provinzen weiter nach Norden reicht
bis zum Nordsaskatschewan-Flusse. Alles was nördlich vom
54. Parallel liegt, ist bis auf wenige Vorstöße die unver=
fälschte Wildnis.

Anders als im Osten ist nicht nur das Land, sondern auch
die Bevölkerung hinsichtlich ihrer Rassenverhältnisse.
Zwar sind die Briten in der Mehrheit, mit 55 %, aber diese
stammen keineswegs alle aus dem Vereinigten Königreich,
sondern vielfach aus den Vereinigten Staaten und ferner
nehmen andere Bestandteile größere Anteile in Anspruch
als in den östlichen Provinzen, so daß es tatsächlich an einem
völkischen Gesamtcharakter fehlt. An zweiter Stelle nach
den Briten folgen die Deutschen mit 11 % (140 020 Seelen),
Angehörige von Österreich-Ungarn mit 8, Skandinavier
mit 6, Frankokanadier mit fast 6, Russen und Polen mit
reichlich 4 %. Außerdem gibt es noch in Beträgen von
einigen Tausenden Belgier, Bulgaren, Rumänen, Chinesen,
Niederländer, Italiener, Schweizer u. a. Die Zahl der
Indianer ist zu 31 224 festgestellt. Außerordentlich ist auch
die Zersplitterung auf religiösem Gebiete. Man kann sagen,
daß alle die zahlreichen Sekten, die Kanada beherbergt, in
den Prärieprovinzen vertreten sind, verhältnismäßig am
stärksten ist der Katholizismus mit 226 289 Köpfen.
Die kleineren Sekten leben mitunter in besonderen Ort=
schaften zusammen und sondern sich geflissentlich von der
übrigen Bevölkerung ab. Manche dieser Sekten zählen
nur 10 Personen.

Die wirtschaftliche Haupttätigkeit der Prärie=
provinzen besteht in extensivem Bodenanbau (Farming),
dazu kommen gelegentlich Landwirtschaft in unserem Sinne
(Mixte Farming), Molkereiwesen (Dairying) und extensive
Viehzucht (Stockraising). Letztere tritt namentlich auf
den trockenen, winterwarmen Flächen am Ostfuße des Felsen=
gebirges in den Vordergrund. Obstbau und Gemüsezucht
fehlen entweder ganz oder befinden sich in den ersten An=
fängen. Die Fortschritte, die man mit dem extensiven

Bodenanbau gemacht hat, sind sehr ansehnlich. Die Anbaufläche für Weizen betrug im Jahre 1911 als Rekordjahr rund
37 200 qkm oder neun Zehntel von ganz Kanada. Hafer
bedeckte 1912 als Rekordjahr 19 655 qkm oder reichlich die
Hälfte der Gesamtheit, Gerste im selben Jahre 3240 qkm
oder ebenfalls die reichliche Hälfte davon. Anbau und Ernte
werden mit den neuesten Maschinen und Geräten betrieben.
Das Ausdreschen wird unmittelbar auf den Feldern vollzogen. Die Körner werden eingesackt und entweder in
die Eisenbahnwagen verladen oder in die Speicher an den
Eisenbahnstationen geschafft, wo die Frucht bis zum Verkauf und zur Ausfuhr lagert. (Elevators.) Das Stroh wird
unmittelbar neben den Dreschmaschinen aufgehäuft und
im Herbste verbrannt, da man keine Verwendung dafür
hat. Viele Millionen an Wert gehen somit jährlich in die
Luft. Das Elevatorsystem ist großartig entwickelt. An 1019
Eisenbahnstationen gibt es zurzeit 2265 Elevatoren mit einem
Fassungsvermögen von rund 70 Millionen Bushels. Im
Jahre 1912 betrug die Gesamternte von Weizen, Hafer und
Gerste 432 Millionen Bushels. Entsprechend dem vor-
herrschenden Körnerbau spielt im Präriegebiet die Müllerei
eine sehr wichtige Rolle. Das hier bereitete Mehl wird nicht
nur in der Dominion verkauft, sondern auch nach Neufundland, Großbritannien, Südafrika, China, Japan und Australien versendet. Von besonderer Wichtigkeit, ja geradezu
von grundlegender Bedeutung ist das Eisenbahnwesen.
Den Schienenwegen entlang liegen die Orte; alle Zufuhren
und Versendungen werden von ihnen geleistet. Insgesamt
16 673 km sind vorhanden; recht dicht liegen die Linien in
Südmanitoba und in Südostsaskatschewan; weiter nach
Westen lockert sich das Netz. Nach Norden reicht es im allgemeinen bis an den nördlichen Saskatschewan; an einigen
Stellen aber streckt es Fühler noch weiter vor. Die äußerste
Eisenbahnstation in dieser Richtung ist Athapasca-Landing
in Alberta.

Von der Provinz Manitoba ist einstweilen nur der
Süden besiedelt; ganz neuerdings kamen dazu Flächen
westlich von dem See Winnipegossis. Südmanitoba umfaßt die fruchtbaren Täler des Red River und des Assiniboine

mit Präriecharakter, enthält aber auch ausgedehnte Wälder, namentlich im Osten, zahlreiche Flüsse und große Seen reich an Fischen. Der Boden ist weicher, tiefer Lehm mit einer Unterlage aus zähem Ton, besonders geeignet für Weizen, dessen Anbaufläche im Jahre 1911 11 950 qkm ausmachte, mit einem Ertrage von 60 Millionen Bushels. In Manitoba gibt es noch viel anbaufähiges Land, namentlich in der Umgebung der Seen, wo sich der Boden für gemischten Betrieb eignet. Die kartographisch aufgenommenen Flächen der Provinz in ihrer Ausdehnung von 1912 machen reichlich 50 000 qkm aus, von denen nur ein Viertel angebaut ist. Heimstätten können noch von der Zentralregierung oder deren Vertretung erlangt werden. In den Gebieten älterer Besiedelung kann man auch Farmen mieten. Manitoba hat ein günstiges Ausnahmegesetz (exemtion law). Soweit nämlich nicht hypothekarische Schulden auf einer Farm liegen, schützt das Gesetz eine gewisse Anzahl Pferde, Rinder, Schweine und Geflügel, bestimmte Haushaltsgeräte und Vorräte an Lebensmitteln und Viehfutter auf ein Jahr vor gerichtlichem Verkaufe. Somit kann der Farmer von Haus und Hof nicht vertrieben werden, sondern Zeit gewinnen, um seine Schulden zu regeln. Eine große Erwartung knüpft man in Manitoba selbst an die in Aussicht genommene, teilweise schon im Bau begriffene Eisenbahn, welche durch den Norden der Provinz bis an die Hudsonbay bei Fort Churchill gehen soll. Auf diesem Wege soll dann ein großer Teil der Ausfuhr über die Hudsonbay und die Hudsonstraße nach Europa gehen. Abgesehen davon, daß dadurch Manitoba einen selbständigen Zugang zum Meere hätte, würde die Reise nach Europa auch um mehr als 1300 km abgekürzt werden. Aber man muß abwarten. Soweit man die erwähnten Meeresteile bis jetzt kennt, geben sie keine Gewähr für einen regelmäßigen und einigermaßen sicheren Betrieb.

Die Stadt Winnipeg, sprich anapästisch Winnipég, die Hauptstadt der Provinz Manitoba, die drittgrößte Stadt der Dominion, mit augenblicklich über 150 000 Einwohnern, liegt in der Talebene des Red River, wo er sich mit seinem wichtigsten Nebenflusse, dem Assiniboine, vereinigt. An der Brücke über den Red River hat sie eine Meereshöhe von 229 m, 14 m mehr als der Winnipegsee, in den sich der Red River ergießt. Da dieser innerhalb des Weichbildes der Stadt vier große Windungen vollzieht und auch der Assiniboine ein ansehnliches Knie macht, so konnte bei Anlage der Stadt die einfache Schachbrettform, wie sie bei den meisten amerikanischen Neugründungen üblich ist, nicht streng durchgeführt werden, sondern man mußte sich den gegebenen Verhältnissen anpassen. Auf diese Weise ist eine ganze Anzahl von Abteilungen entstanden, deren Hauptrichtungen zu einander in spitzen oder stumpfen Winkeln stehen. Dazu kommt der Umstand, daß man zwar den Unterschied zwischen Streets und Avenues machte, diese aber nicht mit Nummern und Buchstaben bezeichnete, sondern ihnen, wie in der Alten Welt, Eigennamen gab. Die Mainstreet, welche von dem Bahnhof der Kanadischen Pazifiklinie zur Vereinigung von Red River und Assiniboine führt, verläuft nicht geradlinig, sondern bildet ungefähr in der Mitte dieser Strecke einen stumpfen Winkel. Im übrigen weicht aber das Bild der Stadt nicht von dem ab, das man in der benachbarten Union so oft zu sehen Gelegenheit hat. Die Hauptstraßen sind breit und werden von elektrischen Bahnen durchlaufen. An ihnen stehen stattliche Geschäftshäuser, die im Kerne der Stadt entweder aus Backsteinen, oder nach vereinsstaatlichem Vorbilde, aus einem Stahlgerippe und Steinquadern bestehen und eine stattliche Höhe erreichen. Sie stehen auch dicht aneinander. Abseits von dem Kerne der Stadt treten die Gebäude vereinzelt auf und sind fast ausschließlich aus Holz errichtet. Je weiter vom Mittelpunkte, desto seltener werden sie, aber es dauert lange, bis man an das wirkliche Ende der Stadt gelangt.

Wenn auch Winnipeg in einer vollständigen Ebene gelegen ist, so entbehrt es doch nicht ganz der landschaftlichen Abwechslung. Bringen schon die Windungen der beiden stattlichen Flüsse eine gewisse Mannigfaltigkeit hervor, so geschieht dies noch mehr durch die Gestalt der Ufergelände und des Pflanzenwuchses. Sowohl der Red River als auch der Assiniboine ist 8—10 m tief in die Alluvialebene ein-

gegraben; die dadurch hervorgerufenen Abhänge sind bald
steil, bald sanfter abgedacht, bald unbewachsen, bald mit
Buschwerk oder Bäumen bedeckt. Letztere gehören vorzugsweise in die Gruppe der Pappeln und Weiden, aber es
sind auch Eichen, Ahorn u. a. vertreten. Denn Winnipeg
liegt an der Grenze der reinen Prärie und des Parklandes,
das in der Richtung nach Osten mehr und mehr Holzge-
wächse aufnimmt. Vermöge seiner Lage, fast genau in
der Mitte des nordamerikanischen Kontinents — von
Vancouver ist es 1900, von dem St. Lorenzgolf etwa 2000,
von dem merikanischen Golf und dem nördlichen Eismeere
je rund 2500 km entfernt — besitzt Winnipeg ein durchaus
kontinentales, durch sehr scharfe Gegensätze der Wärme
gekennzeichnetes Klima. Die höchste hier beobachtete
Schattenwärme beträgt 38° C, die äußerste Kälte dagegen
— 47,5°. Die Spannung der Gegensätze beläuft sich also
auf 85,5° C.

Vermöge seiner Lage inmitten des bewohnten Streifens
von Kanada ist Winnipeg ebenso wichtig für den Handel wie
für den Verkehr. In erster Linie ist es der bedeutendste Eisen-
bahnmittelpunkt von ganz Kanada. Alle von Osten und
Süden kommenden Linien laufen hier zusammen; alle
nach Norden, Nordwesten, Westen und Südwesten gehenden
Strecken gehen von hier aus. Daher ist Winnipeg in dieser
Beziehung viel bedeutender als die älteren Städte des
Ostens, Montreal, Toronto und Quebec nicht ausgenommen;
denn einerseits sind sie für die Überlandlinie nicht viel mehr
als Durchgangspunkte, anderseits sind ihre nördlichen
Umgebungen zu wenig aufgeschlossen, um ein vielseitig
entwickeltes Eisenbahnnetz entstehen zu lassen. Endlich
liegt bei ihnen der Schwerpunkt auf dem Wasserverkehre.
Die erste Rolle im Verkehrsleben Winnipegs wie im ganzen
westlichen Kanada spielt die Kanadische Pazifik-Eisenbahn-
gesellschaft, die hier den Hauptsitz ihrer Verwaltung für
die westliche Hälfte ihres Bahnreiches hat und den Ruhm
für sich in Anspruch nehmen darf, den weiten Westen für
Verkehr und Einwanderung erschlossen zu haben. Ganz
besonders im südlichen Manitoba liegen ihre Linien sehr
dicht nebeneinander, aber auch in Saskatschewan und

Alberta, sowie weiterhin im Britischen Kolumbien steht
ihr Netz an erster Stelle. Die C. P. R. ist aber nicht nur
ein Verkehrsinstitut ersten Ranges und zugleich die größte
Eisenbahngesellschaft von ganz Kanada, sondern zugleich
eine Landbesitzerin hervorragender Art, s. S. 82. Seit
1885 hat sie von ihren Ländereien viel verkauft, aber ausgedehnte Flächen hat sie noch in Händen, für dessen Ver-
äußerung in Winnipeg ein Zentralbureau besteht. Außer
der C. P. R. sind hier noch andere Eisenbahngesellschaften
vertreten, namentlich die Canadian Northern und die
Grand Trunk, die zugleich auch Landbesitzerinnen sind.
Dem Landverkauf widmen sich außerdem viele große und
kleine Geschäfte, Einzelkaufleute und Agenten, deren
Räume in dem Stadtbilde durch kräftige Anpreisungen
zur Erscheinung kommen.

Ferner ist Winnipeg Mittelpunkt eines sehr bedeutenden Warengeschäfts. Hier strömen einerseits die Erzeugnisse des ganzen westlichen Kanadas zusammen, die entweder nach dem Osten des Landes oder nach Europa oder
nach der Union ausgeführt werden sollen, anderseits kommen
hierher die weit zahlreicheren, aber weniger massenhaften
Gegenstände, welche bestimmt sind, dem Leben, der Arbeit
und dem Vergnügen der Bewohner der Prärieprovinzen
zu dienen. Und dieses Geschäft wächst von Jahr zu Jahr
mit dem Zustrom der Einwanderer und der weiteren Ausdehnung der Besiedelung. Von den eingeführten Sachen
fallen namentlich die zahlreichen landwirtschaftlichen
Geräte und die teilweise riesengroßen Maschinen, welche
der landwirtschaftliche Betrieb erfordert, in die Augen.
In Winnipeg hat auch die Hudsonbay-Gesellschaft, welche
einst den ganzen Westen ihr Eigen nannte und bis in die
1860er Jahre mit Hoheitsrechten beherrschte, eines ihrer
Hauptkontore sowie ein ausgedehntes Magazin, aber der
Umfang ihrer Geschäfte ist bescheiden gegenüber den Um-
sätzen der Landwirtschaft und der Viehzucht. Die Lebhaftig-
keit des geschäftlichen Treibens in Winnipeg kann man
sowohl auf den Straßen der Stadt und in den Läden beobachten, als auch in dem regen Besuch der Hotels wahr-
nehmen, die fast immer voll besetzt sind. Was da verkehrt,

144

gehört überwiegend zur Klasse der business men. Darauf
sind auch die meisten Gasthöfe zugeschnitten. Keine über=
triebene Pracht der Einrichtung, aber überall Zweckmäßig=
keit, Bequemlichkeit und angemessene Preise!

Endlich ist Winnipeg Sitz der Verwaltung, der Recht=
sprechung und des Sicherheitsdienstes nicht nur für die
Provinz Manitoba, sondern teilweise auch für die neuer=
dings eingeschränkten Nordwestterritorien. Es besteht auch
ein wichtiges und viel benutztes staatliches Einwanderungs=
bureau, denn alle Personen, welche sich in Westkanada
irgendwo niederlassen wollen, mögen sie von Osten oder
Süden kommen, vereinigen sich in Winnipeg und schließen
meist hier ihre Verträge über Landerwerb ab.

Noch rascher als Manitoba hat sich in Einwohnerzahl
und Anbaufläche die westliche Nachbarprovinz Saskatsche=
wan entwickelt, hauptsächlich deshalb, weil die südliche
Hälfte ein fast ganz gleichmäßiges Farmgebiet darstellt,
das nicht, wie es in Manitoba der Fall ist, durch ausgedehnte
Wasserspiegel unterbrochen wird. An ansehnlichen Binnen=
seen fehlt es zwar nicht, aber sie liegen in der nördlichen
Hälfte, die noch nicht in Besiedelung genommen ist. Schon
jetzt ist Saskatschewan die Hauptprovinz Kanadas für den
Anbau von Weizen und Hafer. Seine Weizenfläche betrug
im Jahre 1912 rund 19 570 qkm oder ungefähr die Hälfte
der Dominion, seine Haferfläche 9140 qkm oder fast ein
Viertel davon. Im Molkereiwesen steht es allerdings
hinter Manitoba und Alberta zurück; man bereitet vorzugs=
weise Butter für eigenen Bedarf, Käse nur in geringem
Umfange. Man beutet etwas Braunkohle aus, die teils in
der Provinz selbst verbraucht, teils nach Manitoba aus=
geführt wird. Seit 1901 hat sich die Einwohnerzahl von
Saskatschewan reichlich verfünffacht. Von den zehn Be=
zirken nahm am stärksten Humboldt, nördlich von Regina
gelegen, zu; seine Seelenzahl stieg in dem Zeitraume
1901—1911 von 2166 auf 52 195 Köpfe. Über das Mittel
der Provinz hob sich das Wachstum der Bevölkerung außer=
dem in den Bezirken Moose Jaw, Regina, Battlefjord und
Saskatoon; in den anderen blieb es unter dem Provinzial=
mittel zurück, doch trat in keinem Verminderung ein. Im

Gegensatz zu Manitoba hat Saskatschewan keine Großstadt
hervorgebracht. Der verhältnismäßig ansehnlichste Platz
ist Regina mit 30 213 Einwohner, 1911, jetzt mag es deren
gegen 50 000 haben. Nennenswert sind außer dem Moose Jaw,
Saskatoon und Prinz Albert. Letzteres war bis vor kurzem
der Nordpunkt des Eisenbahnnetzes, jetzt aber hat dieses
an zwei Stellen Fühler in der Richtung nach Nordwesten
vorgestreckt.

Prinz Albert, das seit 1901 bis 1911 von 1785 auf
6254 Einwohnern gediehen ist, dehnt sich in einer Talebene
aus, die im Norden durch den Nord-Saskatschewan, im
Süden durch den ziemlich steilen Abfall des Prärieplateaus
begrenzt wird, das seinerseits südwärts bis zum Süd-
Saskatschewan reicht. Der Hauptteil der Stadt erstreckt
sich längs des Flußufers mehr als sechs Kilometer weit.
Hier befinden sich die wichtigeren Läden, die Banken, die
Landagenturen, die Post, die Hotels usw. Unter den Läden
fesseln namentlich diejenigen unsere Aufmerksamkeit, welche
Kleidung und Ausrüstung für Leben und Arbeit in diesem
vorgeschobenen Posten europäischer Kultur zu verkaufen
haben, also Pelze, Lederkleider, Wollzeug, starke Stiefeln,
Schneeschuhe usw.

Die Provinz Alberta liegt höher als die beiden vorher
benannten und hat in ihrem südwestlichen Abschnitte Teil
an den Felsengebirgen, von dessen östlichen Abhängen
eine Menge Gewässer abrinnen, hauptsächlich die Quell-
adern der beiden Saskatschewan. Die Bevölkerung hat
sich seit 1901 verfünffacht und zwar in den sieben bisherigen Bezirken ziemlich gleichmäßig, am stärksten noch
in Calgary, Medicine Hat und Red Deer. Calgary mit
jetzt etwa 50 000 Seelen ist der Hauptplatz, ein wichtiger
Eisenbahnknotenpunkt, wie auch das nördlich davon gelegene etwa halbsogroße Edmonton. Außerdem sind als
Orte über 5000 Einwohner nur noch Lethbridge und Strath-
cona zu nennen.

Die Provinz Alberta in ihrer gegenwärtigen Gestalt
zerfällt in drei Teile von ungleicher Größe. Der nördliche und zugleich größte von ihnen, umfaßt die Gebiete der
Flüsse Athabaska und Peace mit ziemlich vielen Seen. Er

ist noch unerschlossen und enthält, abgesehen von mehreren
Posten der Hudsonbay, keine Siedelungen. Der mittlere
Teil im Gebiete des nördlichen Saskatschewan, mit Edmonton als Hauptort, weist ausgedehnte Flächen fruchtbaren Landes auf, ist reichbewässert und wohlbewaldet.
Die Oberfläche ist leicht gewellt; der Saskatschewan hat
sich ein etwa 60 m tiefes Bett gegraben. Wald und Prärie
wechseln in unregelmäßiger Weise ab: in manchen Gegenden gibt es keine Bäume, in anderen ansehnliche Bestände
starker Stämme. Der Boden besteht aus einer 30 bis 90 cm
mächtigen Schicht von schwarzem Pflanzenhumus, mit
geringer oder gar keiner Beimischung von Sand und Kies;
er trägt einen außerordentlich üppigen, wilden Pflanzenwuchs. Vorzüglich gedeihen Hafer, Gerste, Weizen und
Kartoffeln, letztere bis drei Pfund schwer das Stück. Viehzucht findet ausgezeichnete Stätte. Indianische Pferde
überwintern im Freien; bessere Rassen erfordern Pflege
und Schutz im Winter. Blizzards und Stürme sind unbekannt. Wilde Beerenfrüchte jeder Art kommen in Menge
vor. Wildes Geflügel, hauptsächlich Enten, Präriehühner
und Rebhühner sind sehr häufig, Hirsche selten. Gute
Kohle findet sich von Medicine Hat an westlich bis zu den
Felsengebirgen und von der Unionsgrenze nach Norden
bis zum Saskatschewan, besonders an den Uferbänken der
Flüsse Saskatschewan, Sturgeon und Red Deer. Ansiedler
dürfen gegen eine geringe Gebühr selbst Kohle abbauen.
Gold trifft man in den Bänken mehrerer Flüsse an. Schon
seit mehr als zehn Jahren hat man angefangen, die betreffenden Gewässer auf Gold auszubaggern und gute Erfolge damit erzielt. Südalberta, ein unübertreffliches
Gebiet für Viehzucht, ist im Osten ebene, offene Prärie,
im Westen, wo sich die Fußhügel der Felsengebirge be-
merklich machen, sehr uneben und unregelmäßig. Während
der Herbst-, Winter- und Frühjahrsmonate herrschen die
warmen und trockenen föhnartigen Chinookwinde. Unter
ihrem magischen Einflusse wird der Winterschnee in wenigen
Stunden aufgeleckt, und die Wärme steigt sehr rasch. Infolgedessen tritt der Winter nur in kurzen Abschnitten auf.
Wenn der Chinook kommt, bringt er warmes, helles, früh-

lingsartiges Wetter; dann ist der Boden schneefrei, das
Wasser eisfrei. Infolgedessen können die Haustiere ohne
besonderen Schutz im Freien überwintern. Der Gürtel
der kräftigen Chinookwinde erstreckt sich von der Unions=
grenze 240 km nach Norden bis Sheep Creek; dann nimmt
ihre Wirkung allmählich ab, ist aber immerhin noch 200 km
weiter bis Red Deer River bemerkbar. Nach Osten hin
machen sie sich ebenfalls über 400 km weit bis Moose Jaw
in Saskatschewan fühlbar.

In der Pferdezucht genießt Alberta eine ähnlich be=
vorzugte Stellung in Kanada wie Kentucky in den Ver=
einigten Staaten. Die Hauptvorzüge des Landes sind
Höhenlage, trockene und anregende Luft, kurze und milde
Winter, nahrhaftes Gras, kühles und klares Wasser. Daher
zeichnen sich die Albertapferde durch Ausdauer, Lungen=
kraft und gute Konstitution aus. Mit Erfolg züchtet man
die verschiedensten Rassen, namentlich Kentuckyer, Clydes=
tales und Percherons. Auch die Rinderzucht blüht sowohl
für Schlachtvieh wie zur Gewinnung von Molkereierzeug=
nissen. Es gibt zahlreiche staatliche und private Molkereien.
Albertas Viehzucht, jetzt reichlich vierzig Jahre alt, hat
sich aus bescheidenen Anfängen zu ihrer jetzigen Bedeutung
emporgearbeitet. Es war im Jahre 1873, als eine Anzahl
englischer Soldaten unter Führung eines Offiziers, Namens
Macleod, nach dem Old Mans River kam und hier die
britische Flagge aufpflanzte. Mit sich brachten sie ein paar
alte Milchkühe und ein paar Joch Ochsen. In den nächsten
Jahren kamen einige andere Leute hinzu, welche ebenfalls
Viehzucht betrieben. Seit Anfang der 1880er Jahre stellten
sich mehr ein und man begann den Betrieb rationell zu
gestalten. Bereits zu Anfangs des laufenden Jahrhunderts
zählte man 200 000 Schafe, 150 000 Pferde und 400 000
Rinder. Der Betrieb ist jetzt ähnlich wie man ihn in Texas,
Wyoming und Montana ausgebildet hat. Die Hirten
heißen wie dort Cowboys und ihre Tätigkeit macht sich
hauptsächlich bei den großen Zusammentreibungen der
Tiere, den Roundups, geltend. Der Cowboy oder Cow=
puncher ist keineswegs die romantische Figur, die man
vielfach in Jugendschriften dargestellt findet, sondern ein

nüchterner, hartarbeitender Mann, der beständig mit seiner
Herde zu tun hat. Die Roundups werden je nach dem
besondern Zwecke bezeichnet; es gibt Herbst- und Früh-
lingsroundups, solche zur Auswahl von Verkaufstieren,
und solche zur Feststellung des Jungviehs. Das Gebiet
der westkanadischen Roundups reicht von den Cypreßhills
im Osten bis zum Fuß der Felsengebirge im Westen, von
der Unionsgrenze im Süden bis zur Hauptlinie der kanadischen Pazifikbahn im Norden. Dieser ganze Raum zerfällt in eine Anzahl von Distrikten, an deren Spitze jedesmal
eine Stock Association steht. Diese ordnet alles an, was mit
dem Betriebe zusammenhängt; sie ernennt den Roundup-
kapitän, sie besitzt auch die Roundupausrüstung, die aus
Umzäunungen, Speisewagen, Zelten usw. besteht; sie
bestimmt und erhebt die Gebühren von den einzelnen Vieh-
eigentümern nach Maßgabe ihres Besitzes an Tieren.

19. Kordilleria.

Von den bisher besprochenen Hauptteilen Kanadas
unterscheidet sich Kordilleria durch seine ausschließlich gebirgige Beschaffenheit. Von der Unionsgrenze bis zum
nördlichen Eismeere durch etwa 2000 km erstreckt sich ein
a pines Gebirge, welches die Provinz Britisch-Kolumbien
ganz ausfüllt, während es in dem Territorium Yukon auch
offeneren Flächen Raum läßt.

Das Kordillerengebirge erhebt sich rasch und steil
aus der Prärie und zerfällt in seiner südlichen Hälfte in
vier Hauptbestandteile: das Felsengebirge, die Goldkette
mit dem sich daran anschließenden Binnenplateau, die
Küstenkette und die Inselkette von Vancouver und Königin
Charlotte-Archipel. Das Felsengebirge, nach Westen
bis zur Längsfurche des Kolumbia, des Kootenay und
des oberen Fraser reichend, ist die Fortsetzung des gleichnamigen Gebirges der Union und verläuft, von mehreren
tiefen Einsenkungen unterbrochen, in nordwestlicher Richtung. Durch den Peacefluß wird es in eine südliche und
eine nördliche Abteilung zerlegt; die erstere durch Höhe
und Breite ausgezeichnet, auch besser bekannt als die andere,

gliedert sich wieder in mannigfacher Weise; zahlreiche
Gipfel über 4000 m mit ausgedehnten Schneefeldern und
ansehnlichen Gletschern wie Murchison, Kolumbia, Hooker
u. a. erheben sich namentlich in der Nähe des Kickinghouse-
Passes, des Übergangs der ersten Überlandbahn. Be-
merkenswert ist das von dem Kootenay und dem Kolumbia
durchflossene Längstal, in dem sich auch mehrere malerische
lange Seen hinstrecken wie der Upper Arrow und der Kootenay. In der Nähe derselben befinden sich die Purcell- und
die Selkirkketten. Die Bergformen des Felsengebirges in
seinen höheren Teilen sind überaus mannigfaltig und infolge starker Verwitterung sehr scharf und kühn ausgeprägt,
aber auch recht schwer zu ersteigen. In der Nähe der großen
Gletscher, unter denen der Illecillewaet am häufigsten
genannt wird, sind auch hochalpine Seen eingebettet. Die
Baumgrenze liegt im Süden bei 2200 m, weiter nach
Norden wesentlich tiefer. In landschaftlicher Beziehung
stehen die Felsengebirge den gleich hohen Gruppen der
Europäischen Alpen — wenn man von der meist fehlenden
Besiedelung absieht — durchaus nicht nach. Für den Natur-
freund wie für den Hochsteiger bieten sie außerordentliche
Reize, für deren Erschließung seitens der C. P. R. durch
Anlegung von Hotels sowie durch Stationierung von sach-
kundigen Führern Sorge getragen ist. Nach Eröffnung
der zweiten Überlandbahn werden auch die nördlichen
Ketten des Felsengebirges bequemer zugänglich sein und
bald besser bekannt werden als sie es jetzt sind. Das Binnenplateau mit der Goldkette, im Westen durch die Küstenkette begrenzt, ist im Mittel 1000 m hoch, von sehr verschiedener Breite und von zahlreichen Flüssen und Seen
unterbrochen, namentlich von dem Fraser mit seinen Quell-
adern; weiter nördlich kommt der Skeena River in Betracht.
Wald tritt auf der Binnenhochebene seltener auf als Gras-
fluren und Gesträuchdickichte; in den tieferen und breiteren
Tälern findet sich auch anbaufähiger Boden, der sich wegen
des milderen Klimas besonders für Obstzucht eignet und
mancherwärts auch dazu benutzt wird, nach kalifornischem
Vorbilde. Die Küstenkette, ein etwa 1400 km langer
Wall von der Frasermündung bis zum Lynnfjord, ist nur

von wenigen Schluchten durchsetzt, sehr schwer zugänglich
und wenig bekannt. Am Burrar-Inlet, bei der Hafenstadt
Vancouver, steigen die Berge jäh bis 1900 m auf, fast immer
von schweren Wolken umlagert; weiter nach Norden werden
sie noch viel höher z. B. im Mt. Fairweather steigen sie
bis zu Monterosahöhe und sind von zahlreichen und ausgedehnten Gletschern umlagert. Die Fjorde sind ungemein
großartig, aber vielfach von düsterem Gepräge.

Die Inselkette ist durch eine Art überschwemmtes
Längstal von der Küstenkette getrennt und kommt nur auf
den Inseln Vancouver und Königin Charlotte-Archipel
zum Vorschein. Die Insel Vancouver ist an ihren Küsten
reich an Fjorden, im Innern bergig und dicht bewaldet,
aber fast nirgends angebaut und, wie manche Reisenden
meinen, auch nicht anbaufähig, obwohl sie, etwa so groß
wie das Königreich der Niederlande, auf gleicher Breite
mit diesem liegt. Nirgends bietet sie von der See aus einen
einladenden Anblick. Dunkle, drohende Klippen werfen
die schäumende See zurück, und fast unmittelbar hinter
diesen erheben sich rundliche, dicht mit Nadelhölzern be-
wachsene Hügel, einer über den andern in unerfreulicher
Einförmigkeit ansteigend. Über diesen wiederum kommen
kahle Trappberge zum Vorschein mit sägeförmig ausge-
zackten Gipfeln, ein wahrhafter Montserrat großen Stils;
sie bilden eine Kette in der Mitte der Insel von dem nördlichen bis zum südlichen Ende. Der Königin Charlotte-
Archipel wird in der Richtung von Nordwesten nach
Südosten von einem dichtbewaldeten Gebirge durchzogen,
dessen einzelne Glieder durch Inlets (Fjorde) voneinander
getrennt werden. Meereseinschnitte letzterer Art findet
man sowohl auf der Ost- als auf der Westküste; sie zeigen
meist kühnaufstrebende Felswände und enden entweder
blind zwischen den Bergen oder schneiden, sich seitlich mit
anderen verbindend, Inseln ab. Der höchste und rauheste
Teil der Insel befindet sich unter 52° 30' n. Br., wo viele
Gipfel mindestens 1500 m Seehöhe erreichen und ansehnliche Flecken ewigen Schnees tragen.

Das Klima Korbillerias, nur teilweise bekannt, im allgemeinen wärmer und an den Küsten niederschlagsreicher

als in den anderen Teilen Kanadas, ist von durchaus ozeanischem Gepräge. In der Wärme entspricht es durchschnittlich den gleichbreitigen Gebieten Westeuropas, nur daß die Sommer kühler sind. Die Hafenstadt Vancouver z. B. unter gleicher Breite wie Straßburg gelegen, hat im Mittel des Jahres 9,3, des Januar 3,3, des Juli 15,5° C. Das Meer friert nicht zu. Die entsprechenden Daten für Port Simpson in der Breite von Rügen sind 6,7, 0,3 und 13,7°. Ostwärts von der Küste nähert sich der klimatische Charakter allmählich dem inner- und ostkanadischen.

Bis um die Mitte des vorigen Jahrhunderts war Kordilleria im ausschließlichen Besitze der Indianer, wenn auch schon vorher die Sendlinge der Hudsonbay-Gesellschaft eingedrungen waren. Als aber die Mineralschätze, besonders die Alluvialgoldfelder an den Flüssen Fraser, Quesnell und Antler bekannt worden waren, erschienen außer Goldsuchern auch Ackerbauer und Viehzüchter und setzten durch, daß das Gebiet unter dem Namen Britisch-Kolumbien als britische Kronkolonie eingerichtet wurde. 1871 schloß sich diese an den Kanadischen Bund an. Jetzt reicht sie bis zum 60° n. Br. Die Indianer haben sich hier verhältnismäßig gut erhalten, 1911 waren deren 20 134 Köpfe vorhanden.

Die Gesamtbevölkerung des Britisch-Kolumbien ist in dem Zeitraume 1871—1911 von 36 247 auf 392 480 Köpfe gestiegen, aber auch jetzt noch recht dünn gesät, im wesentlichen auf den Süden in der Nähe der Eisenbahnlinien beschränkt. Den Hauptbestandteil bilden Briten mit 64 %. Von sonstigen Völkerteilen sind außer Indianern in nennenswerter Anzahl Chinesen, Skandinavier, Deutsche (11 880), Italiener, Japaner, Angehörige von Österreich-Ungarn, Russen und Hindu vorhanden; charakteristisch ist also, im Gegensatz zu den andern Teilen Kanadas, die Anwesenheit von Asiaten, die sich allerdings im Wesentlichen auf das Küstenland beschränken. Eine Großstadt hat sich in letzter Zeit herausgebildet: Vancouver City mit 123 902 Einwohnern (1911). Außer dieser sind Victoria und Nanaimo auf Vancouver-Insel und New Westminster auf dem Festlande wegen ihrer Seelenzahl nennenswert.

Der Schwerpunkt der Wirtschaft in Britisch-Kolumbien
ruht entsprechend den Naturverhältnissen auf Fischerei,
Waldausbeute, Mineralausbeute und Verkehrslage;
Bodenanbau, Viehzucht und Industrie sind nebensächlich.
In Fischerei hat Britisch-Kolumbien den ersten Platz
unter den Kanadischen Provinzen. Seit 1908 hat sich der
Ertrag mehr als verdoppelt und erbrachte 1912 rund
57 Millionen Mark oder ein Viertel von ganz Kanada
Die Hauptsache liefert Lachs, mit dessen Fang, Verarbeitung und Verpackung gegen 17 000 Menschen beschäftigt
sind. In der Mineralausbeute hat die Provinz den
zweiten Rang in der Dominion inne, indem sie nur von
Ontario übertroffen wird. Der Gesamtwert belief sich
auf rund 120 Millionen Mark, von denen 21 auf Gold,
6½ auf Silber und 13 auf Kohle entfielen; ebensoviel auf
Kupfer. In der Goldausbeute hat sich Britisch-Kolumbien
seit 1900 ungefähr auf gleicher Höhe gehalten. Von Kohlen-
lagern, deren Ausbeute neuerdings zu steigen begonnen
hat, sind außer zahlreichen kleineren vier größere vorhanden. Die Waldbestände Britisch-Kolumbiens, die sich
durch Schönheit und Pracht auszeichnen und in Kanada
nirgends ihresgleichen finden, schätzt man zu einer Gesamtfläche von 400 000 q km, aber meist sind sie sehr schwer zugänglich. Soweit die Herstellung von Brettern, Schindeln
und Latten in Betracht kommt, wird die Provinz bei einem
Jahresertrag von 89 Millionen Mark nur von Ontario
übertroffen. Die günstige Lage und der Umstand, daß die
Küstengewässer im Winter nicht zufrieren, haben dazu geführt, daß sich im äußersten Südwesten der Provinz ein
sehr reger Außenverkehr entwickelt hat, und daß die beiden
Haupthäfen Vancouver und Victoria in Hochseeschiff-
bewegung die bekannten Häfen der Ostküste geschlagen
haben, Halifax und Montreal nicht ausgenommen. Der
Binnenverkehr beschränkt sich bisher auf den Südosten der
Provinz, aber mit Eröffnung der zweiten Überlandbahn
und der daran zu knüpfenden Zweiglinien wird das wirtschaftliche Leben auch in diesen bisherigen Wildnissen er-
wachen. Der Endpunkt der Grand Trunk an der Küste
liegt gegenüber der Nordostspitze der Königin Charlotte-

Insel. Zurzeit verfügt Britisch-Kolumbien über ein Bahnnetz von 2968 km. Die Landwirtschaft leistet so wenig,
daß die Hauptmasse der tierischen und pflanzlichen Lebens-
mittel eingeführt werden muß. Abgesehen von Heu gewinnt man etwas Hafer, Weizen, Kartoffeln und Gerste.
Mehr Aussicht hat, wie bereits angedeutet, der Obstbau.
Auch mit der Zucht von Hopfen und manchen Gemüsen hat
man angefangen. Der Umstand, daß die geschulten Arbeits-
kräfte in Britisch-Kolumbien teurer sind als in den übrigen
kanadischen Landesteilen, bildet zwar eine Schwierigkeit
für das Emporkommen von Gewerbe und Industrie;
trotzdem aber machen diese Tätigkeiten Fortschritte. Der
Wert der „Manufaktures" stieg in dem Zeitraume 1900—1910
von 82 auf 274 Millionen Mark. Von letzter Summe ent-
fiel ungefähr ein Viertel auf Vancouver City.

Vancouver, jetzt die viertgrößte Stadt Kanadas,
war bis zur Betriebseröffnung der Überlandbahn 1886, ein
ganz dürftiger Platz mit ein paar Sägemühlen. Jetzt dehnt
es aus sich zwischen dem Burrard-Inlet und der English-
Bay, überwiegend eine Holzstadt, „deren äußere Teile sich
noch zwischen dem Gestrüpp und den verkohlten Stümpfen
der Urwaldrodungen verlieren, die aber sonst an Großartigkeit mancher Bauten sowie an Ausdehnung und
Geschäftigkeit europäische Orte gleicher Größe weit
übertrifft" (Joh. Wilda). Nächst Seattle am Puget Sound
dürfte Vancouver der land- und meerbeherrschende Platz
im amerikanischen Nordwesten werden. Sein Handel ist
in beständigem Wachstum begriffen. Holz- und Fischereierzeugnisse nehmen den ersten Platz darin ein. Mit Alaska,
Ostasien, Australien und einigen westamerikanischen Küsten-
plätzen besteht ein bedeutender Austausch. So befindet
sich eine große Zuckerraffinerie am Platze, die Rohzucker
aus Java und von den Fidschi-Inseln verarbeitet. Schiff-
bau und Werftwesen schreiten vor. Im prachtvollen Burrard-
Inlet kann die ganze englische Flotte bequem und sicher
ankern. Vancouver besitzt eine großartige Wasserleitung,
die mittels eines enormen Felstunnelbaues das Wasser
aus dem 25 km entfernten Gebirge bringt, ebenso eine
vorzügliche Abfuhreinrichtung, welche die vorher desinfi-

154

zierten Stoffe in die See führt. Ein tiefer Seekanal zur
Verbindung von Burrard-Inlet mit Englisch-Bay wird geplant. Stattliche Schulen, ansehnliche Ladenstraßen und
entzückende Villenviertel sind vorhanden. Zahlreich ver-
kehren die elektrischen Bahnen, die um die Stadt den Ur-
wald genau so aufbrechen und für die Bewohnung auf-
schließen, wie es die Eisenbahn auf weitere Strecken tut.
In der Englisch-Bay besitzt die Stadt einen vorzüglichen
Badestrand, vor allem aber auf der Halbinsel den Stanley-
Park, wohl den großartigsten und schönsten, den man in
ganz Kanada sehen kann.

Von Vancouver aus kann man mit Leichtigkeit eines der
zahlreichen Holzschlägerlager (Logging Camp) aufsuchen,
wo die Bäume gefällt und zugerichtet werden. Von da
gelangen sie zur Sägemühle, wo sie mittels eigenartiger
Vorrichtungen bearbeitet werden. Starke Haken ergreifen
die Riesenstämme, die dicht nebeneinander im Wasser
schwimmen. Ein Paternosterwerk bringt sie auf einer
schiefen Ebene aus dem Wasser in die Sägerei (Lumbermill).
Gewaltige Eisenklauen packen sie hier und werfen sie mit
spielender Leichtigkeit auf Schlitten, die sie bis zu den Sägen
befördern. Die millimetergenau eingestellten Sägen zerlegen in wenigen Minuten einen dicken Stamm in Bohlen,
Bretter, Latten, Leisten oder Schindeln. Verarbeitet
werden besonders die Douglasfichte, die rote und gelbe
Tanne, Kiefer, Ahorn, Birke, Eiche und Weißdorn. Die
Abfälle liefern die Heizung; was davon übrig bleibt, wird
in großen Öfen verbrannt, um es los zu werden. Von
den Erzeugnissen der Sägemühlen des Westens gehen zwei
Drittel nach Ostasien, Australien und Südafrika; ein Drittel
wird im Lande selbst verbraucht. Unter den Unternehmern
des Holzgeschäftes gibt es schwerreiche Leute, die namentlich
über einen enormen Waldbesitz verfügen.

Victoria, der Sitz der Provinzialregierung von
Britisch-Kolumbien und die zweitgrößte Stadt, ist herrlich
gelegen, nahe der Südspitze der Insel Vancouver, zwischen
Parks und Gärten, mäßigen Felsenhöhen, Inseln und
Buchten, mit Ausblick auf die Juan de Fucastraße, den
Pugetsund und die Schneeberge der Küstenkette. Sie zeigt

in Wesen und Erscheinung eine beachtenswerte Mischung englischen und nordamerikanischen Wesens, nordamerikanisch durch häßliche Häuser, englisch durch eine gewisse Behaglichkeit und Behäbigkeit. Bekannt ist der schöne, von hübschen Gartenanlagen umgebene Hausteinbau des Provinzialparlamentes.

Das Yukon-Territorium, seit 1898 eingerichtet, fast so groß wie das Deutsche Reich, aber äußerst schwach bevölkert — in dem Jahrzehnt 1901—11 ist die Kopfzahl von 27 219 auf 8512 zurückgegangen — hebt sich im allgemeinen nach Nordwesten hin ab; im Südwesten, an und nahe der Küste hat es hohe und stark vergletscherte Berge, welche den Montblanc um mehr als tausend Meter überragen. Die Binnenkette ist niedriger, etwa von der Höhe der nördlichen Kalkalpen. Zwischen die Bergketten sind flachbodige Täler eingebettet, mitunter auch breitere ebene oder wellige Flächen von tiefen eiszeitlichen Ablagerungen ausgefüllt.

Ursprünglich war die einzige wirtschaftliche Tätigkeit die Jagd auf Pelztiere, und dies wäre noch jetzt der Fall wenn man nicht Gold gefunden hätte, anfangs in kleinem Umfange, seit 1896 in Klondyke in sehr ergiebigem Maße. Die Gewinnung stieg rapide und erreichte 1900 mit 93,5 Mill. Mark den Höchstbetrag. Seitdem trat rascher Rückgang ein: 1907 kaum 13; 1912 wieder über 22 Mill. Mark. Die Ursache so starker Abnahme liegt in der allmähligen Änderung der Ausbeuteart. Während nämlich anfangs Waschgold durch Einzelunternehmer gewonnen wurde, mußten später die Golderze durch größere kapitalistische Betriebe abgebaut werden, die durch Verkehrshemmnisse, Entfernung der Lebensmittelmärkte und außerordentlich hohe Löhne erschwert sind; ein Arbeiter erhält durchschnittlich 25 Mark Tagelohn und freie Verpflegung. Die Ausbeute ist überall schwierig, sei es Schacht-, Stollen- oder Tagebau, da der Boden in einiger Tiefe stets gefroren ist. Daher müssen die Schottermassen durch erhitzte Steine, Holzfeuer oder heißen Dampf aufgetaut werden. Das Heraufholen der Schottermassen geschieht in der Regel im Winter, die Gewinnung des

Goldes im Sommer. Mittelpunkt dieser Tätigkeit ist
Dawson City, eine gutgebaute Stadt mit wohlausgestatte-
ten Läden und Dampferverkehr auf dem Yukon und dem
Lewes.

In den ersten Jahren der Goldgewinnung reiste man
von Vancouver, Victoria, Seattle oder San Francisko
aus mit Dampfer nach Skagway oder Dyea am Lynn-
Kanal, überschritt dann unter ungeheuren Anstrengungen
und harten Entbehrungen den Chilcoot (1070 m) oder den
White-Paß (883 m) bis zum Lewesfluß und drang von
da aus zu Boote bis zum Goldgebicte vor. Später baute
man über den White-Paß von Skagway bis Whitehorse
eine 180 km lange Bahn. Die Fahrt währt 8—10 Stunden und kostet 84 Mark. Von Whitehorse kann man mit
dem Dampfer im Sommer in drei bis vier Tagen nach
Dawson gelangen.

20. Der arktische Norden.

Der arktische Norden umfaßt die ausgedehnten Landflächen, welche sich nördlich von den abgeteilten Provinzen zu beiden Seiten der Hudsonbay bis zur Küste
des Eismeeres ausbreiten. Ich rechne dazu auch den
größeren Teil der Halbinsel Labrador, wenn auch diese,
abgesehen von der zur Kronkolonie Neufundland gehörenden Nordostküste, kürzlich ganz mit der Provinz Quebec
vereinigt worden ist. Die anderen Teile des arktischen
Nordens sind das Westhudsonland und das Mackenziebecken.

Die Halbinsel Labrador, in physikalischer Abgrenzung, ist ungefähr dreimal so groß wie das Deutsche Reich.
Die Küste ist in der Hauptsache steil und hoch, die Ostküste ihrer ganzen Ausdehnung nach, die Nordküste westlich von der Ungavabai und die Westküste zwischen den
Vorgebirgen Dufferin und Jones an der Hudsonbai. Ungemein fjordreich und von zahllosen Schären umsäumt
ist die von schweren Stürmen und furchtbaren Brandungen
gepeitschte Ostküste. Die meist tief eingeschnittenen
Fjorde, unter denen der Hamilton Inlet der längste ist,
sind an ihren inneren Verästelungen von steilen und

kahlen Felsbergen umgeben, die in der Richtung nach
Norden immer höher und imposanter werden. Das
Innere der Halbinsel, eine felsige Hochfläche von
500 m Durchschnittshöhe mit leicht gewellten Formen
und etwas höheren Hügeln, wird in seiner Mitte von
einem Gürtel meist flacher Seeen durchzogen, die mit
einem reich verzweigten Flußnetze in Verbindung stehen
und mannigfache Verkehrsmöglichkeiten darbieten. Zahlreiche Stromschnellen bereiten allerdings mancherlei
Hindernisse. Das Klima ist nur an der Nordostküste
etwas genauer bekannt. Von den dort vorhandenen
Missionsstationen hat Hebron, unter 58° 12' n. Br. gelegen, im Jahre ein Mittel von — 5,9°.; im Januar
— 22,2; im August 7,9. Der Winter dauert von Anfang
Oktober bis gegen Ende Mai. Dann hören die Fröste
auf und es beginnt der kurze Frühling, die angenehmste
Jahreszeit, da sie warme Tage ohne Mückenplage bringt.
Anfang Juni wird das Eis der Flüsse im Binnenland
morsch, Ende Juni oder Anfang Juli wird die Küste
vom Eise frei. Der Sommer macht sich dadurch unangenehm, daß die Wärme mitunter sehr groß, aber auch sehr
rasch bis nahe an den Gefrierpunkt fällt. Anfang
Oktober bricht der Winter mit voller Macht ein, schon
im November sinkt das Thermometer bis — 30°, später
in vereinzelten Fällen bis — 40°. Weithinaus bedeckt
sich das Meer mit 2—3 m dickem Eise. Heftige Stürme
kommen aus dem Binnenlande. Den Eskimos sind diese
willkommen, denn sie fegen den trocknen Schnee ins
Meer hinaus und härten den zurückgebliebenen Schnee,
so daß nun mit Hundeschlitten weite Reisen ausgeführt
werden können. Die Küste selbst ist ganz öde und kahl.
Erst 20 km landeinwärts beginnt etwas Pflanzenwuchs sich bemerkbar zu machen. An den Ufern der
tiefeingeschnittenen Fjorde gedeiht im Schutze der Berge
schöner Wald aus Fichten, Tannen, Lärchen, Birken und
Erlen. Nach Norden zu werden die Bäume niedriger
und verschwinden schließlich ganz. Das Innere, mit
Ausnahme des äußersten Nordens, zeichnet sich durch
außerordentlichen Reichtum von Gewächsen mit genieß-

g n Beeren aus, namentlich Preißel- und Blaubeeren.
.ändisches Moos kommt in Menge vor und nährt die
.entiere und wilden Renntiere. Die Bevölkerung
.. sehr dünn und beschränkt sich in der Hauptsache auf
die Ostküste. Hier leben etwa 18 000 Menschen, davon
reichlich zwei Drittel Weiße, außerdem ungefähr zu
gleichen Teilen Indianer und Eskimos. Die Eskimos,
soweit sie auf der Ostküste wohnen, sind durch die Herrnhuter Mission dem Christentum zugewendet und in einigen
Ortschaften angesiedelt worden. Von den Handelsposten
der Hudsonbay-Gesellschaft ist Rigolet am Hamilton-Inlet
mit 1200 Einwohnern der wichtigste.

Das Westhudsonland gehört in seinem südlichen Teile
zur Provinz Manitoba. Hier hebt sich das Land von der Bay
aus in zwei Stufen; die untere derselben ist sandig, die obere
plateauartig und felsig bis 500 m hoch, vielfach mit
Moränenschutt und Findlingsblöcken überdeckt. Von den
in die Bay mündenden Flüssen ist der Churchill der
größte und wasserreichste, aber wegen zahlreichen Stromschnellen für Schiffsverkehr nicht brauchbar; daher will
man ihm entlang eine Eisenbahn bauen. Das Klima ist
sehr rauh. In Yorkfactory z. B. unter 57⁰ n. Br. beträgt das Mittel für das Jahr — 5,6, für Januar 23,9,
für Juli 13,4⁰ C. Nach mehrjährigen Beobachtungen fiel
der letzte Schnee am 2. Juni, der erste wieder am
15. September. Der dort mündende Fluß pflegt nach
Mitte Mai eisfrei zu werden und bald nach Mitte September zuzufrieren. Sehr kalt sind die aus Nord und
Nordwest wehenden Winde; sie treiben ganze Wolken
feinen trockenen Schnees über die weiten Flächen einher.
Die Luft ist äußerst selten klar, denn im Frühling und
im Herbst enthält sie häufig feuchten Nebel, im Winter ist
sie voller unzähliger Eisnadeln. Wo sich offenes Wasser
findet, steigt ein dicker Dampf empor, „Frostrauch" genannt. Nebensonnen und Höfe um Sonne und Mond
sind häufig, letztere hell glänzend in den verschiedenen
Farben des Regenbogens. Kaum ist die Sonne ge-
sunken, so erfüllt das Nordlicht die ganze Wölbung des
Himmels mit seinen vielfarbigen Strahlen und mit einem

Glanze, gegen den selbst der Vollmond nicht zur Geltung
kommen kann. Im Norden von Westhudsonia bis zur
Nordküste herrscht durchaus Tundra, also kahle Felsen
in Abwechslung mit Flechten, Moosen und Zwergbirken.
Das Klima ist außerordentlich kalt. Die Sommerwärme
reicht nicht aus, um die Eisdecken der Seen vollständig
schmelzen. In den durchlässigen Bodenschichten findet
sich überall ewiges Eis. Schwere Nebel und furchtbare
Schneestürme kommen selbst im Sommer vor. Nirgends
gedeihen Bäume, Sträucher oder Preißelbeeren. Im
Binnenlande trifft man Moschusochsen und Renntiere an,
letztere in Herden von manchen Tausenden Stück, an
der Küste Polarfüchse, Polarhasen, Schneehühner, Schnee-
gänse, namentlich aber ungeheure Massen schlimmer Mücken.
In der ungeheuren Einöde leben etwa 2500 Eingeborene,
meist Eskimos, beständig umherziehend, um Moschusochsen
wilde Renntiere und Robben zu erlegen.

Das Mackenzie-Becken, etwa dreimal so groß wie
das Deutsche Reich, enthält zahlreiche kleinere Erhebungen
und fällt nordwärts in drei Stufen ab, welche durch die
großen Seen, Athabaska-, Großer Sklaven- und Großer
Bären-See, bezeichnet werden. Diese Stufen legt der Fluß
mittels Stromschnellen zurück; schließlich löst er sich in
zahlreichen Mündungsarmen auf. Mancherlei mineralische Schätze sind im Mackenzie-Becken vorhanden, wie
Petroleum, Gold, Silber, Kupfer, Salz, Schwefel und
Braunkohle. Die Eingeborenen sind teils Eskimos, teils
Indianer. Der Handel mit ihnen erfolgt in zwölf Posten
(Forts) der Hudsonbay-Gesellschaft, wo Felle, Pelze usw.
gegen Schießvorrat, Tee, Mehl, Kleider, Geräte, Decken
(Blankets) usw. umgetauscht werden. Fort Simpson ist
Sitz der anglikanischen, Fort Providence Mittelpunkt der
römisch-katholischen Mission.

———